MORITZ NEUMEIER

Urlaub trotz Kindern

Alle Schilderungen in diesem Buch basieren auf subjektiven Erinnerungen. Die Dialoge geben nicht wortwörtlich, sondern sinngemäß vergangene Gespräche wieder. Die meisten Namen und die Merkmale einzelner Personen wurden zum Schutz ihrer Privatsphäre geändert.

Inhalt

Der Anfang

Das hier ist kein Ratgeber über Kinder. Ich hasse Ratgeber. Wahrscheinlich gibt es extrem viele Ratgeber, die sehr hilfreich sind. Und gut geschrieben, vielleicht sogar witzig! Aber sobald ich versuche, einen zu lesen, werde ich wütend darüber, dass mir jemand erzählen will, wie man das, was ich nicht kann, richtig macht.

Meine Frau hasst es, dass ich mich weigere, Ratgeber zu lesen. »Das kann extrem lehrreich sein, man wird einfach immer inspiriert und es hilft, den Umgang mit den Kindern zu verbessern.«

Stimmt. Mache ich trotzdem nicht.

Meine Frau ist extrem klug, und sie hat natürlich absolut recht mit dem, was sie sagt. Und trotzdem möchte ich mir ab der ersten Seite jedes Ratgebers am liebsten einen Bleistift in die Halsschlagader rammen. Meistens zweifle ich augenblicklich an der Qualifikation der Autor*innen. Wahrscheinlich haben die gar keine Kinder. Oder die kriegen es selbst zu Hause nicht geschissen und schreiben hier nur auf, wie sie es sich theoretisch vorstellen könnten, dass es klappt, die Gören seltener anzubrüllen, aber weil sich das nicht gut verkauft, lügen sie und tun so, als wären sie eine perfekte Familie.

Natürlich weiß ich nicht, ob das so ist, weil ich 1. die Ratgeber ja gar nicht lese und 2. die Qualifikation nie überprüfe, weil ich sonst feststellen müsste, dass ich unrecht habe, und das fühlt sich nicht so schön an. Das mögen wir nicht im Hause Neumeier.

Das hier ist also kein Ratgeber. Ich erzähle einfach von mir und meiner Familie. Von meiner Frau und meinen drei kleinen Kindern, die ich liebe und manchmal schütteln will, weil ich eventuell ein klitzekleines Problem mit meiner Wut habe. Sagen manche. Aber die brülle ich dann so lange an, bis sie den Mund halten. Muss also jede*r selber wissen.

Und weil so ein Buch ja auch einen roten Faden braucht, erzähle ich von unserer letzten Elternzeit-Reise. Wobei das hier kein Reisebuch ist. Ich hasse Reisebücher.

Reisebücher sind fast so scheiße wie Ratgeber und wirklich maximal überflüssig. Warum soll ich mir ein Buch durchlesen, in dem mir jemand erzählt, wie es in einem Land ist, in dem ich noch nie war und höchstwahrscheinlich auch nie sein werde. Und dann erzählen die mir von *total abgefahrenen Erlebnissen,* bei denen ich mir beim Lesen schon hundertprozentig sicher bin, dass das so niemals passiert ist. Da sitzt doch jemand nach so einer Reise am Schreibtisch und merkt selber, dass es kein Schwein interessiert, was genau die Menschen in Lagos zum Frühstück essen, und dann denkt man sich einfach aus, was man da nicht alles Spannendes hätte erleben können, aber weil sich das nicht verkauft, lügen sie und tun so, als hätten sie eine perfekte Reise gehabt. Weiß ich doch. Mache ich doch beruflich.

Ich bin Stand-up-Comedian – das bedeutet, ich erlebe etwas, mache mir Gedanken dazu, habe eine Idee, wie das Ganze lustiger und aufregender gewesen wäre, und tue dann auf der Bühne so, als wäre das tatsächlich passiert.

Kann mir doch keiner erzählen, dass das bei Ratgebern und Reisebüchern anders abläuft.

Also vielleicht schon. Kann ich ja gar nicht wissen, weil ich weder das eine, noch das andere wirklich gelesen habe.

Dies hier ist also kein Reisebuch und kein Ratgeber zu irgendetwas. Das hier ist mein Buch. Es geht um mich als Vater und Ehemann. Und es geht um einen Urlaub, weil Urlaube das Destillat aus Problemen sind. Ich meine, die Probleme sind zwar sonst auch immer da, im Urlaub platzen sie nur sehr viel einfacher und auch heftiger heraus. Weil der Druck zur Perfektion, der Anspruch und der Crash mit der Wirklichkeit nie größer sind als im Sommerurlaub.

Und, ach ja: Es gibt keine Lösung. Ich bin nicht so arrogant zu glauben, dass ich irgendwem erzählen kann, wie man seine Kinder richtig erzieht oder eine gute Beziehung führt. Ich kann nur darüber schreiben, wie es mir mit allem geht. Was ich falsch mache und gelernt habe. Und dann können sich andere vielleicht darin wiederfinden. Oder wenigstens darüber schmunzeln und ab und zu den Kopf schütteln, wenn ich etwas Dummes geschrieben habe.

Vielleicht aber auch nicht.

Nun zu uns. Wir sind eine sehr klassische Familie, wenn man sie von außen betrachtet: der Mann, die Frau, der Junge, das Mädchen und das Baby.

Meine Familie

Der Mann, die Frau, der Junge, das Mädchen und das Baby

Wir sind so sehr der Standard, hätte man bis vor wenigen Jahren in einem deutschen Lexikon das Wort »Familie« nachgeschlagen, wäre ein Bild von uns aufgetaucht. Aber so wie in jeder Familie ist jedes einzelne Mitglied viel mehr als das, was man auf so einem Bild sehen kann.

Das Besondere an unserer Situation ist der Punkt, dass meine Frau und ich uns nur sechs Wochen kannten, bevor sie schwanger wurde.

Jap. Sechs Wochen. Klingt ziemlich kurz – war es auch.

Natürlich haben wir über eine Abtreibung nachgedacht, und mit WIR meine ich NUR meine Frau, ich selbst war mir zu diesem Zeitpunkt schon absolut sicher, dass ich diese Frau heiraten will, um mit ihr und unseren Nachkommen den Rest meines Lebens zu verbringen. Komisch, oder? Klingt wie aus einem Film – war auch ein bisschen so. Nur ohne Musik und mit dem Fakt, dass die Geschichte auch nach dem ersten großen Streit und der Versöhnung noch Jahre lang weitergeht und nicht mit einem theatralischen Abspann endet.

Also, wer sind wir?

Der Mann

Ich denke, über mich muss ich jetzt noch nicht allzu viel sagen. Ehrlich gesagt, werdet ihr auf den nächsten zweihundertvierzig Seiten genug über mich erfahren. Vielleicht sogar mehr, als ihr wollt oder gut für mich ist.

Nur so viel: Als Stand-up-Comedian lebe ich davon, durch Deutschland zu fahren und in allen großen Städten meine Shows zu spielen. Dazu kommen hier und da ein paar Auftritte im Fernsehen, eine Radiosendung mit Till Reiners und andere Kleinigkeiten. Den Rest lernt ihr peu à peu.

Die Frau

Meine Frau ist sehr klug, erwähnte ich das schon? (Muss ich auch öfter – sie wird das Buch ja auch lesen …) Aber nicht zu klug. Also nicht so klug, dass ich mich andauernd dumm in ihrer Gegenwart fühle. Das wäre furchtbar.

Ich weiß, wie sich das anfühlt – ich war mal mit einer Frau zusammen, die zu allem, was ich sagte, die eigentlich richtigen Fakten parat hatte. Unangenehm. Meine Frau ist witzig und (eigentlich genauso wichtig) findet mich witzig. Ich finde sie wunderschön.

Ich weiß, dass mir jetzt Menschen erzählen wollen, dass das doch gar nicht so wichtig sei und es oberflächlich ist, überhaupt auf das Aussehen zu achten. Aber mir ist das wichtig. Mir ist es wichtig, dass ich zwischendurch denke: »Mann, ist diese Frau schön!« Und das tue ich.

Wir passen sehr gut zusammen, ihre Macken gehen mir nur manchmal auf den Senkel, und mit den meisten kann ich sehr gut umgehen und andersherum. Sie ist studierte Schauspielerin und hat, als unser erster Sohn ein Jahr alt war, ein Psychologiestudium begonnen, für das sie extrem viel lernt. Für einige mag es komisch sein, dass ich das hier extra erwähne – das liegt daran, dass ich ihren Ehrgeiz sehr bewundere, selbst eigentlich nie für irgendeine Prüfung gelernt habe und es bis heute auch nicht tun würde.

Mit drei Kindern eine Prüfungsphase zu überstehen und alles mit einem Einserschnitt abzuschließen, bedeutet eine Menge Anstrengung und Entbehrungen, die ich keine Minute lang bereit wäre zu ertragen.

Der Junge

Der Junge ist aktiv. So aktiv, dass es mich manchmal überfordert. Seine Fantasie rast genauso schnell wie sein Körper, manchmal stellt er vierunddreißig Fragen in acht Minuten, von denen ich maximal drei mit Sicherheit beantworten kann. Beim Rest muss ich entweder lügen oder zugeben, dass ich nicht die geringste Ahnung habe. Was am Anfang immer ein bisschen wehtat, weil ich mir selbst gerne vorgegaukelt habe, eigentlich alles zu wissen. Mittlerweile geht mir der Satz: »Keine Ahnung, Diggi. Das müssen wir nachgucken«, sehr leicht über die Lippen.

Er schafft es, komplett in seiner eigenen Welt zu versinken – über Stunden hinweg – und ist insgesamt sehr verträumt. Was ganz praktisch dazu führt, dass ganz praktische Dinge meistens eine kleine Ewigkeit dauern.

»Zieh deine Jacke bitte an!«, müsste am besten gesagt werden, zwanzig Minuten bevor er seine Jacke anziehen soll. Nicht, weil er einen bewusst ignoriert, sondern weil man einrechnen muss, dass er beim Jackeanziehen sieben Dinge findet, die ihn mehr interessieren als die Jacke anzuziehen. Und dann macht er einfach das. Eigentlich eine gute Sache, weil es bedeutet, dass er einen starken eigenen Willen hat, was eines meiner Erziehungsziele ist. Aber für Erziehende ist ein freier Wille manchmal anstrengend.

Das Mädchen

Das Mädchen ist auch aktiv, aber vor allem in ihrem Kopf. Während andere Kinder stumpf herumrennen oder toben, sitzt sie gerne irgendwo und redet oder singt ohne Unterlass. Es ist ein bisschen so, als wäre ihr Kopf so voll mit Gedanken, dass er einfach überläuft, ohne dass sie oder irgendjemand sonst das stoppen könnte.

Ich vermute, sie ist etwas intelligenter als die meisten anderen Kinder in ihrem Alter. Natürlich behaupten Eltern das andauernd.

»Du, die Lotta malt so tolle Bilder. Gestern sah das fast so aus wie ein Baum. Ich glaube, sie ist hochbegabt.« Ich behaupte nicht, dass meine Tochter hochbegabt ist, mir fällt nur auf, dass sämtliche Kinder in ihrem Alter neben ihr etwas dümmlich und reizarm wirken. Sprechen, Dichten, Kombinieren und jegliche Form des logischen Denkens begannen bei ihr auffällig früher als normal, mehr sage ich ja gar nicht. Okay, ich habe natürlich schon im Internet recherchiert, wie man Hochbegabung bei kleinen Kindern feststellt.

Im Vergleich zu dem Jungen ist sie aber mehr in der richtigen Welt verhaftet, nicht so verträumt und eher pragmatisch.

Das Baby

Das Baby ist da. So viel mehr kann man ja über Babys erst einmal nicht sagen. Pflegeleicht. Das ist ja ehrlich gesagt die größte Unterscheidung zwischen den verschiedenen Typen. Es brüllt selten, ist meistens gut gelaunt und guckt gerne seinen Geschwistern zu. Was Babys halt so machen.

Ich habe mich jetzt noch nicht besonders gut mit ihm unterhalten, aber ich mag es, und es scheint ein geselliger Typ zu sein.

Alles in allem sind wir also eine ziemlich stereotype Familie. Lange galt diese Konstellation nicht nur als normal, sondern war die einzig akzeptierte: Vater, Mutter, Kinder.

Aber so ist es ja nicht. Jede erdenkliche Form einer Familie kann eine Familie sein. Zwei Väter, zwei Mütter, zwei Menschen, die sich geschlechteridentitär gar nicht festlegen, mehr als zwei Eltern oder nur ein einziger Teil und und und …

Meine Kindheitsfamilie sah zum Beispiel auch ganz anders aus als meine heutige. Die Komponenten waren da: Die Frau, der andere Mann, der Mann, die andere Frau, der Junge (ich), das Mädchen, das kleinere Mädchen, das Mädchen der anderen Frau mit ihrem anderen Mann, dem Jungen des anderen Mannes mit seiner anderen Frau, dem anderen Jungen des anderen Mannes mit seiner anderen Frau, dem Jungen von dem Mann und der anderen Frau und dem Jungen, den die Frau und der Mann adoptiert haben.

Meine Ursprungsfamilie

Die Frau, der andere Mann, der Mann, die andere Frau, der Junge (ich), das Mädchen, das kleinere Mädchen, das Mädchen der anderen Frau mit ihrem anderen Mann, dem Jungen des anderen Mannes mit seiner anderen Frau, ...

... dem anderen Jungen des anderen Mannes mit seiner anderen Frau, dem Jungen von dem Mann und der anderen Frau und dem Jungen, den die Frau und der Mann adoptiert haben.

Schwer, den Überblick zu behalten, oder? Ich selbst musste das dreimal lesen, um zu kontrollieren, ob ich jemanden vergessen habe, und dabei ist das meine eigene Familie.

Patchwork – yeah!

Im Nachhinein muss ich sagen, dass mir der Alltag in einer so großen Familie ziemlich schwer gefallen ist. Die Umstellung von einer schon nicht *so* kleinen Familie zu einer riesigen war nichts, was ich mir ausgesucht hatte, und so sehr ich die Gründe für die Trennung meiner Eltern verstehe und absolut nachvollziehen kann – erst recht, seit ich selbst erwachsen bin – so sehr habe ich doch darunter gelitten.

Und trotzdem gab es kleine Inseln, Zeiten, an die ich sehr gerne zurückdenke, in denen ich dieses Ausmaß an familiärer Menschenmasse sogar genossen haben. Urlaube.

Als Kind waren Urlaube der Shit.

Als ich klein war und meine Eltern noch zusammen, gab es nicht besonders viel Geld in unserer Familie, aber unsere Urlaube waren immer der Hammer.

Was, wie ich heute weiß, vor allem daran lag, dass ich ein Kind war und damit verantwortlich für absolut gar nichts. Ich hatte nichts zu organisieren, nichts zu planen, nichts zu packen. Einfach nur einsteigen, irgendwo hingefahren werden, wo es schön ist und geil.

Mit Abstand die meisten Urlaube haben wir in Dänemark verbracht, was naheliegend ist, wenn man in einem Dorf in Schleswig-Holstein aufwächst. Leute aus Bayern denken wahrscheinlich, dass der Unterschied zwischen Norddeutschland und Dänemark recht klein sein muss, aber Skandinavien ist wie eine andere Welt.

Die Menschen sind nett, haben Hoffnung und Arbeit und selten Neonazis im Dorf – also eigentlich das komplette Gegenteil von Schleswig-Holstein. Ach ja, und die Landschaft unterscheidet sich natürlich, wenn jetzt auch nicht allzu wesentlich. Ehrlich gesagt, bin ich mir nicht einmal sicher, ob man den Unterschied so genau erkennt, wenn man nicht von da kommt. Vielleicht passiert es Italiener*innen manchmal, dass sie durch Deutschland fahren, an Hamburg und Flensburg vorbei und erst auf Höhe Kolding merken, dass sie eine Landesgrenze überquert haben.

Alle paar Jahre ging es für uns nach Frankreich oder Griechenland. Und mit »alle paar Jahre« meine ich: Ich war einmal in Frankreich. Und dann einmal in Griechenland.

Und trotzdem habe und hatte ich nie das Gefühl, dass mir etwas gefehlt haben könnte, weil wir als Familie nie hatten irgendwohin fliegen, geschweige denn, den Kontinent verlassen können. Urlaub war für mich damals kein Ort, sondern ein Gefühl. Und er roch und klang anders. Nach Strand und wilden Dünen. Und nach Zikaden und den Wellen, die ich abends in meinem Zelt hören konnte.

Bis heute bedeutet Urlaub für mich, am Meer zu sein, weil es das für meine Eltern auch bedeutete.

Das Meer.

Wie Wellen treffen Tränen meine Lider.
Wie Möwen kreischen Wünsche ihr Begehr.
Wie Nebel legt die Stille sich hernieder.
Kein Rufen schreckt mich auf und kein Verkehr.

Dem Abflug nahe bläht sich mein Gefieder.
Und bleibt nach einem Flügelschlag schon still.
Ein Wille bäumt sich auf und legt sich wieder.
Es ändert sich andauernd, was ich will.

Wenn ich doch für immer nur bliebe,
Ich bräuchte kein Stein und kein Teer.
›Es ist, was es ist‹, sagt die Liebe.
›Ich bin, was ich bin‹, sagt das Meer.

Und bald darauf versiegt die letzte Träne
Und wie ein Vorhang fällt danach der Schein.
Die Weste wäre weiß wie die der Schwäne,
Wär' ich doch eine Woche nur allein.

Doch folgt auf diese Einsamkeit wie immer
Der Trubel und das Leben allgemein.
Zurück bleibt nur der schwache Hoffnungsschimmer
Ein andermal ganz ungestört zu sein.

Wenn ich doch für immer nur bliebe,
Mir fiele das Bleiben nicht schwer.
›Es ist, was es ist‹, sagt die Liebe.
›Ich bin, was ich bin‹, sagt das Meer.

Moritz Neumeier

Es gibt ja Leute, die in die Berge fahren oder an irgendeinen exotischen Fluss oder an eine Seenplatte Kajakfahren. Aber das sind Irre, und mit denen möchte ich absolut nichts zu tun haben.

Der nächste bedeutende Punkt ist das Campen.

Ich dachte lange, wir hätten in den Sommerferien meiner Kindheit immer gecampt, weil meine Eltern nicht genug Geld für ein Ferienhaus hatten – ohne darüber nachgedacht zu haben, dass diese Häuser in der Nebensaison im Herbst und Frühjahr in Dänemark ja auch mit etwas bezahlt werden mussten.

Heute weiß ich: Ferienhäuser mit Kindern sind meistens mit Anstrengung verbunden. Wenn ich es einmal grob durchrechne, bin ich mir sicher, dass wir die Beiträge zur Haftpflichtversicherung der nächsten vierzig Jahre schon jetzt wieder drin haben – nur mit den Schäden, die sie in unseren bisherigen Urlauben übernommen hat.

Was meine Kinder im Urlaub schon alles kaputt gemacht, angemalt, zerkratzt, unwiederbringlich verschmutzt und zerbrochen haben?

Eine Glastür, zwei Ölgemälde (wer hängt sowas auch in ein Ferienhaus – das ist ein klarer Fall von selber schuld, wenn man mich fragt und nicht die Versicherung der Vermietenden), eine moderne, dreiteilige Ledersofagarnitur samt Sessel, ein Crossbike, zwei Wohnzimmerwände, diverse Gartenstühle, Teller, Gläser, Gardinen und Bettgestelle.

Ach ja, und einmal hat meine Tochter in den Pool gekackt, der daraufhin komplett geleert, chemisch gereinigt und wieder befüllt werden musste. Sowas passiert beim Camping nicht.

Ich meine, natürlich machen die Kinder auch da andauernd was kaputt, aber das sind dann unsere Sachen, bei denen ich im Zweifelsfall behaupte, dass es andere Kinder waren, deren Eltern dann wiederum *ihre* Haftpflichtversicherung anrufen, und so entsteht ein kleines, aber feines, straff durchorganisiertes Versicherungsbetrugskartell.

Abgesehen davon finde ich das Campen sehr viel entspannter. Die Kinder stehen auf, man steigt aus dem Bus und das war's. Ohne Kinder könnte ich jetzt nicht behaupten, dass ich andauernd campen würde – aber ohne Kinder würde ich insgesamt wohl recht andere Urlaube machen. Urlaub verändert sich stark, wenn auf einmal Kinder mitfahren.

Der erste Urlaub mit Kind

War der erste Urlaub mit unserem ersten Kind ein beschissener Reinfall? Auf jeden Fall war er das.

Die Grundparameter waren von Anfang an idiotisch und wir zu unbedarft und vor allem viel zu unerfahren, um dieser Katastrophe aus dem Weg gehen zu können.

Wie bereits erwähnt, hatten meine Frau und ich nur sehr wenige Wochen zu zweit (sie ist recht schnell schwanger geworden, falls eure Auffassungsgabe nicht über ein paar Seiten hinausreicht, was ich sehr gut verstehen könnte – seit ich Kinder habe, lese ich maximal drei Seiten am Stück, bevor ich wieder irgendjemandem den Arsch abwischen oder vor dem geschwisterlichen Totschlag bewahren muss. Wahrscheinlich habt ihr die ersten zwei Seiten dieses Buches gelesen und seitdem sind Monate vergangen – also kurz zur Erinnerung: Meine Frau und ich kannten uns erst sechs Wochen, als sie schwanger wurde).

In dieser kurzen Zeit haben wir es aber trotzdem geschafft, einen einzigen Urlaub zu zweit zu haben, und bis heute ist er der schönste, den ich in meinem bisherigen Leben hatte. (»In meinem bisherigen Leben« klingt auch immer wie der verzweifelte Schrei danach, dass es das bisher doch bitte noch nicht gewesen sein kann, oder? ODER?!)

Okay, es war jetzt nicht gerade ein krasser Urlaub, wir waren zwei Tage lang an der Nordsee. Aber wir waren frisch verliebt, komplett unbedarft und spontan losgefahren.

Dieser Urlaub bestand, wenn man ehrlich ist, aus

1. verliebt gucken
2. Sex haben
3. ein bisschen im Pool schwimmen und dann da Sex haben
4. im Sturm am Meer entlang spazieren gehen und sich zusammenreißen, keinen Sex zu haben und dann noch
5. ein bisschen fummeln im Restaurant.

Alles in allem also der beste Urlaub, den ich mir hätte vorstellen können.

Ziemlich genau ein Jahr später war unser Sohn bereits geboren, Weihnachten stand vor der Tür, und wir kamen auf die Idee, man könnte doch mal einen ersten Urlaub mit Kind wagen. »Sach mal, die Nordsee – das war doch schön! Da haben wir doch so tolle Erinnerungen dran. Komm, wir fahren da jetzt noch mal hin und ruinieren diesen Ort für immer in unserem Gedächtnis!«

Das war zwar nicht der Plan, aber ehrlich gesagt ist genau das passiert.

Fehler Nr. 1

Unser Sohn brüllte zu dieser Zeit, sobald er tagsüber an die Brust genommen wurde, als hätte ich ihm einen Bratspieß ins Rückgrat gerammt. Und anstatt einfach zu sagen: Gut, dann will er wohl nicht trinken, lassen wir ihn also einfach in Ruhe, versuchten wir ihn – von der Panik ergriffen, unser eigentlich recht fettes Kind könnte vielleicht heute verhungern, wenn es nicht jetzt sofort eineinhalb Liter Muttermilch zu sich nimmt – immer und immer wieder zum Trinken zu bewegen.

Ich schreibe WIR, aber wenn man ehrlich ist, war das der Job meiner Frau, während meiner eigentlich nur darin bestand, nutzlos rumzustehen und zu überlegen, wie ich am besten gucken könnte, damit mein Blick als »aktiv an dem Geschehen teilnehmend« durchgeht, sobald meine Frau zu mir herüberschaut.

Die Sache war also für den Arsch – ein Pärchenurlaub ist kein besonders guter Pärchenurlaub, wenn da immer noch ein brüllendes Bündel danebenliegt.

Fehler Nr. 2

Fahre nie mit einem Säugling an die stürmische See. Die mögen den Wind wohl nicht so im Gesicht, weil die dann Schiss haben zu ersticken. Wer hätte das gedacht.

Fehler Nr. 3

Ich glaube, das größte Problem war unsere Annahme, dass vielleicht alles einfacher wird, wenn man nur den Ort wechselt.

Wenn man ehrlich ist, ist das doch meistens die Erwartung an einen Urlaub – ganz egal, wohin man fährt – und dann ist es der größte Stressfaktor, wenn dieser Wunsch nicht Erfüllung geht.

Unsere großen emotionalen Baustellen zu Hause waren der Fakt, dass wir uns gerade mal ein Jahr lang kannten und schon ein gemeinsames Baby in den Armen hielten.

Dass ich keine Ahnung hatte, ob ich mit meinem Job als Comedian genug Geld zusammenbekomme, um unsere Familie zu ernähren. Dass meine Frau ihren Job aufgegeben hatte. Dass wir grundlegend damit überfordert waren, jetzt auf einmal ein Kind zu haben, das auch noch permanent schrie, wenn es eigentlich trinken sollte, und der Schlafmangel – oh Gott, dieser plötzliche Schlafmangel.

Und jetzt habt einen schönen Urlaub, ihr zwei.

Natürlich verschwanden diese Probleme nicht, nur, weil wir auf einmal Fischbrötchen direkt vom Kutter essen konnten. Wir hatten all diese Probleme mitgenommen, und uns dann noch ein weiteres aufgeladen: Warum ist denn unser erster gemeinsamer Urlaub nicht so schön und erholsam und entspannend, wie Urlaub doch eigentlich sein soll? Was machen wir denn falsch?! JETZT ENTSPANN DICH DOCH MAL!

Klappt nicht.

Jetzt könnte man das lesen und meinen: Mensch, da hat er ja echt viele Fehler gemacht, dann doch bestimmt daraus gelernt, und von da an waren seine Urlaube mit Kindern entspannter. Hahaha. Nein. Überhaupt nicht.

Wer ist denn bitte so? Wer macht denn einen Fehler und merkt dann sofort: »Ach Mensch, das war ja dumm von mir. Nun analysiere ich das doch mal gleich, und dann vermeide ich von heute an eine Wiederholung dieses Missgeschickes.«

Kein Mensch ist so. Außer vielleicht der Dalai Lama.

Aber der hat auch keine Kinder, deswegen kann der ja auch den ganzen Tag meditieren und aus Fehlern lernen, ohne dabei gestört zu werden. Und er kann ausschlafen.

Macht er wahrscheinlich nicht, weil er der scheiß Dalai Lama ist und nur drei Stunden schlafen muss, weil er erleuchtet ist und weise und ein besserer Mensch. Arschloch.

Entschuldigung – es kann sein, dass ich beim Schreiben dieser Zeilen etwas übermüdet bin. Und überfordert.

Wir haben nämlich Anfang Januar im Jahr 2021, und das bedeutet, dass wir mitten in einem harten Lockdown sitzen. Was wiederum bedeutet, dass die Kindergärten alle geschlossen sind. Das macht natürlich als Maßnahme gegen Corona eine Menge Sinn. Als Maßnahme für ein entspanntes Familienleben ist das jetzt eher ungeeignet, wenn alle vierzehn Stunden am Tag aufeinanderhocken, weil man niemanden sonst treffen darf. Und mit »alle« meine ich mich und die drei kleinen Kinder – meine Frau studiert nahezu Vollzeit und ist damit zumindest die Vormittage über aus dem Schneider. (»Du, das ist bestimmt megaanstrengend, online bei Kaffee und Gebäck an Studienveranstaltungen teilnehmen zu müssen, aber ich halte es für nur halb so anstrengend wie diese Kinder …«)

Und deswegen mag es vielleicht sein, dass ich hier sitze, *nach* diesen vierzehn Stunden Nonstop-Kinderbetreuung und jetzt noch aufschreiben soll, dass es doch früher auch *Urlaube* mit den Kindern gab, wo die rund um die Uhr um mich herum waren.

»Wie findest du denn die Idee, Moritz?! Schreib das doch jetzt mal! Wir haben Corona, Moritz! Du kannst nicht auf die Bühne – wie willst du denn jetzt Geld verdienen, Moritz?! Die Kinder könnten verhungern!«

Ja, auf der einen Seite wäre das nicht gut, wenn die verhungern. Auf der anderen Seite müsste ich mich dann um ein Kind weniger kümmern. Das ist ja auch das einzig Schlechte an der Ausrottung von Polio: Die Kinder bleiben jetzt oft *alle* am Leben.

Ich schweife ab.

Ich glaube, dass so ein Lockdown in etwa die gleichen Probleme mit sich bringt wie ein Urlaub. Und auch, wenn das mit Polio etwas übertrieben war – natürlich sind wir Eltern erst einmal damit überfordert, dass wir unsere Kinder von heute auf morgen jeden Tag und dann auch gleich den ganzen Tag sehen.

Denn ganz egal, wie lange so ein Balg im Kindergarten bleibt (meine zwei bleiben zum Beispiel nur bis 12.30 Uhr da, was im Durchschnitt ja eher kurz ist), ist es zwischendurch einfach nicht in unserer Nähe, und sobald man diesen ersten Trennungsschmerz bei der Eingewöhnung überwunden hat, ist das megageil.

Du kannst das erste Mal wieder etwas für dich machen, ohne auf das Kind achten zu müssen.

Du musst für ein paar Stunden mal nicht aufpassen. Auf das, was du sagst. Das, was du machst. Auf das Kind. Auf die Möbel. Auf das Haustier. Auf die Nachbarn. Auf die Geschwister. Auf deine Nerven. Auf die Würde des Kindes. Alter Schwede, passt man auf viele Sachen auf, wenn das Kind in der Nähe ist.

Zurück zum Thema Urlaub.

Ich weiß, dass es sehr viele Menschen gibt, die Camping hassen. Zu wenig Komfort, ständig hat man Rückenschmerzen, weil die Matratzen scheiße sind, die Klamotten sind ständig halb nass, und wenn es regnet, hockt man, auf vier Quadratmetern zusammengekauert, im Zelt und hofft, dass nirgendwo Wasser durchkommt. Selbst, wenn man einen Bus hat, erstirbt jeder Fun, sobald das Wetter nicht mehr schön ist. Zumindest dann, wenn man Kinder dabei hat.

Ehrlich gesagt, entstehen die meisten Probleme beim Camping dadurch, dass man Kinder dabei hat. Ich selbst habe nicht das geringste Problem damit, den ganzen Tag im Bus zu hocken, zu lesen, einen kleinen Regenspaziergang dazwischen zu schieben, ein bisschen Sex, ein bisschen Hörbuch – alles in allem ein recht erfolgreicher Tag.

Geht natürlich nicht mit Kindern. Selbst, wenn du irgendwann einknickst und einen Film auf dem Handy laufen lässt – früher oder später müssen die raus und sich bewegen. Ansonsten nehmen sie Stück für Stück erst den Bus und dann dein Nervenkostüm auseinander, vor allem, wenn da ein Baby dabei ist.

Camping ist wahrscheinlich etwas, das man lernt und womit man aufgewachsen sein muss. Wenn ich mit meinen Eltern nur in Hotels oder Pensionen gehaust hätte, wären meine Berührungsängste mit Campingurlauben größer, aber so wie ich aufgewachsen bin, ist das Hoffen auf gutes Wetter und das Beste draus zu machen, wenn das Wetter schlecht ist, ein ganz normales Urlaubsgefühl.

Als ich fünfzehn war, bin ich mit der mütterlichen Familienseite zum letzten Mal in den Campingurlaub nach Schweden gefahren (abgesehen von dem Dauerplatz in den dänischen Dünen, den mein Vater bis heute unterhält und den ich so gut wie jedes Jahr besuche, seit ich acht Jahre alt bin).

In Schweden waren dabei: meine Mutter, der andere Mann, das Mädchen, das kleinere Mädchen, der andere Junge, der kleinere andere Junge und der adoptierte Junge. Das waren eine Menge Leute. Wir hatten damals einen VW-Bus – nichts Besonderes, nur einen weißen T3 ohne irgendwelche Extras, aber er hat dafür gesorgt, dass ich mich in Busse verliebte – und einen alten, schrabbeligen Wohnwagen.

Der Grund für Schweden war, neben der fantastischen Natur: das Geld. Schweden ist megateuer, jeder weiß das. Aber wenn man den Wohnwagen bis zum Rand voll mit haltbarem Essen stopft und konsequent jeden Tag zu einem anderen See fährt (damals ging das noch problemlos, weil man durch das »Jedermannsrecht« eine Nacht kostenlos an jedem See stehen durfte – vor ein paar Jahren wurde das anscheinend eingeschränkt, weil diese ganzen Wohnmobilheinis den Einheimischen dermaßen auf den Sack gegangen sind, dass da niemand mehr Bock drauf hatte, was ich absolut verstehen kann), kommt man ganz billig in so einem Urlaub weg.

So schwierig das Leben in diesem Haushalt zwischendurch war, an diesen Urlaub habe ich tolle Erinnerungen. Wir haben geangelt, wann immer man das durfte – was in unserem Fall zu circa achtzig Prozent daraus bestand, die Angelhaken aus irgendwelchen Bäumen herauszutüddeln. Gefangen haben wir eigentlich nie etwas, aber darum ging es auch gar nicht.

Es war ein berauschendes und freies Gefühl, jeden Tag an irgendeinem anderen See loszuziehen, meistens komplett alleine und ungestört von anderen Tourist*innen, sich in die Wälder zu schlagen, baden zu gehen, Kanu zu fahren und einfach nur da zu sein.

Ich glaube, ich vermische die Erinnerungen an diesen Urlaub mit denen ein paar Jahre zuvor, als wir den gleichen Trip gemacht haben, aber wenn ich zurückdenke, dann gab mir dieser Urlaub die Chance, eine Pause vom Coolsein zu machen. Ich meine, ich war fünfzehn Jahre alt – das einzig Wichtige für mich war es damals, cool zu sein. Also so zu sein, wie ich damals dachte, dass es cool ist – wenn ich das aus heutiger Sicht bewerten müsste, würde ich es nicht cool, sondern eher viel-zu-bemüht-und-meistens-ein-bisschen-peinlich nennen.

In Schweden hat das alles keine Rolle gespielt. Ich konnte einfach sein, wie ich bin – musste niemanden beeindrucken und nonstop darauf achten, wie ich von außen eventuell wirke. »Sitzen die Haare? War das Lachen eben peinlich? Meinst du, wenn ich so stehe, küsst mich Janina endlich?«

Alles egal.

Vielleicht war das einer der Gründe dafür, dass mich eines Abends eine sechzehnjährige Punkerin und ihr Bruder an der Straße aufgabelten. Sie wohnten in der Nähe, meinten, sie hätten heute sturmfrei und vielleicht hätte ich ja Bock, ein bisschen bei denen abzuhängen. Also tat ich das, bin mit zu ihnen nach Hause, und wir saßen da zu viert rum – die Freundin des Bruders war auch noch dazugekommen.

Dieser Abend hat sich mir extrem eingeprägt. Zum einen deshalb, weil ich zum ersten Mal in meinem Leben »Clockwork Orange« sah. Ich bin nicht mit besonders vielen Filmen aufgewachsen, und mir war bis dahin nicht bewusst, dass es welche gibt, die gleichzeitig so strange und verstörend, so brutal, kunstvoll und ausdrucksstark sein können. Ich war komplett geflasht und realisierte da auf diesem Sofa, dass es anscheinend eine komplette Form der Kunst gibt, mit der ich noch nie in Berührung gekommen war. Es gab selten einen Moment, in dem ich so eine Lust auf die Zukunft hatte, weil ich merkte, dass da draußen etwas auf mich wartet.

Sobald der Film zu Ende war, verzogen sich der Bruder und seine Freundin auf sein Zimmer, und Emily und ich gingen in ihres, um Musik zu hören.

Die Klänge von »The Exploitet« konnten das Stöhnen und Rumsen aus dem Nebenzimmer nicht wirklich übertönen, und weil wir uns beide etwas unpassend und deplatziert vorkamen, flüchteten wir raus und zurück an den See. Ich hatte bis dahin noch nie mit einem Mädchen nackt gebadet, geschweige denn, eines nackt im See geküsst. Ich hatte noch nie ein Kondom benutzt, geschweige denn, mit einem Mädchen geschlafen. Erst recht nicht zweimal nacheinander. Und war noch nie in halbnassen Sachen barfuß nach Hause gerannt.

Es war eine Nacht der ersten Male – wahrscheinlich einer der Hauptgründe, warum ich diesen Urlaub in so guter Erinnerung habe.

Als ich völlig erledigt und bis zum Kopf voll mit Gefühlen in Richtung unseres Wohnwagens stolperte und mich ins Bett fallen ließ, wusste ich, dass alles irgendwann gut werden wird. Dass, ganz egal, wie beschissen ich mich zwischendurch fühlen werde, immer irgendetwas Neues darauf wartet, von mir entdeckt zu werden. Im Notfall fährt man einfach in den Urlaub – da passieren Sachen, von denen man vorher nicht einmal geträumt hat.

Camping hat wenig Komfort, da muss ich Kritiker*innen einfach recht geben. Aber genau das ist ja das Geile daran. Es ist eine Pause von all dem Krams, den wir haben und von dem wir glauben, dass wir ohne ihn gar nicht mehr auskommen können.

Campingurlaube sind damit auch immer Ferien fürs Gehirn. Vorausgesetzt, man schafft es, das Handy zu Hause oder wenigstens aus der Hand zu lassen. Mit dem Ding ist sowieso alles verloren. Ich würde wahrscheinlich selbst bei einer Survival-Woche in der Sahara meine Nachrichten checken, sobald das Beduinenzelt skorpionsicher gemacht wurde.

Der erste Urlaub, in dem ich das Handy konsequent zu Hause gelassen habe, war unser zweiter mit dem Jungen – vier

Wochen Südfrankreich. Gott, war das gut! Keine Nachrichten, keine E-Mails, kein Social Media!

Zweimal habe ich mit meinem Agenten telefoniert, weil es irgendetwas zu klären gab, aber das war es dann auch schon. Und es fiel mir nicht einmal schwer. Ich musste nicht einmal darüber nachdenken, ob ich dieses verdammte Ding mitnehmen soll – für mich war sofort klar, dass ich das nicht mache.

Ich glaube, es lag vor allem daran, dass ich sowieso noch keine wirkliche Karriere hatte, die ich vor dem Zusammenbruch hätte bewahren müssen. Meine Social-Media-Kanäle waren nicht besonders groß, wirklich viele Fans, die ich gefühlt hätte bei Laune halten müssen, gab es auch nicht, und die Auftritte im Herbst standen sowieso schon fest. Ich musste ja nicht einmal erreichbar sein, falls irgendein gutes Angebot reinkäme – sei es Fernsehen, Radio, Podcast oder sonst etwas. Keine Sau kannte mich – da kommen keine guten Angebote!

Wenn ich jetzt so darüber nachdenke, ist es absurd. Da will man immer mehr Fans und Bekanntheit, um immer weniger Stress zu haben, und dann passiert genau das Gegenteil – je mehr Fans man hat, desto gestresster arbeitet man daran, keinen von ihnen mehr zu verlieren.

Ich hatte erst geschrieben »Der *einzige* Urlaub, in dem ich das Handy konsequent zu Hause gelassen habe, war unser zweiter mit dem Jungen ...«, bis mir eingefallen ist, dass ich auch bei der Elternzeit-Reise, die wir mit dem Jungen und dem Mädchen gemacht haben, kein Handy dabei hatte. Ehrlich gesagt, ist der Urlaub, von dem dieses Buch handelt, der erste längere, in dem ich das beschissene Ding überhaupt mitgenommen habe.

Dummer Fehler.

Unsere erste Elternzeit-Reise war der Shit.

Das Mädchen war schon ein Jahr alt, also nicht komplett zerbrechlich und unbeweglich – der Junge dementsprechend vier, sodass man schon coolen Kram mit ihm machen konnte. Die erste Woche trafen wir die eine Hälfte meiner Familie in Frankreich in einem gewaltigen Ferienhaus. Meine Weisheitszähne drangen während dieser ersten Woche durch, und ich versuchte, einem uralten französischen Zahnarzt in rudimentärer Sprache zu erklären, wo es wie genau wehtut. Ich wurde mit Medikamenten vollgepumpt und war geheilt. Also nicht wirklich geheilt, denn kurz vor Weihnachten werden mir die Dinger gezogen werden müssen, alles wird sich entzünden und mein Weihnachtsfest wird dadurch ruiniert sein, dass ich weder richtig aufstehen noch reden, geschweige denn, essen kann. Aber das weiß ich jetzt noch nicht, und für den Rest unserer Reise bin ich zumindest kuriert.

Von dort aus fuhren wir in die südfranzösischen Berge auf einen komplett leeren Campingplatz irgendwo im Nirgendwo. Die meiste Zeit über blieben wir die einzigen Gäste, weil es noch recht früh im Jahr war. Der Platz bestand aus einer großen Wiese und einem Wald, in dem man sich zwischen den Bäumen seinen Stellplatz aussuchte. Einmal die Woche kochte die Besitzerin ein fantastisches Drei-Gänge-Menü, es gab einen unbeschreiblich kalten Pool und einen Bergfluss in der Nähe. Wir machten Ausflüge in altertümliche Bergdörfer mit einem nicht enden wollenden Strom an Kunsthandwerker*innen-Märkten.

Wie der Zufall es wollte, bekamen wir nach zwei Tagen Gesellschaft durch ein nettes holländisches Pärchen mit zwei Kindern in ziemlich genau dem gleichen Alter wie unsere. Und so hatten wir zwei nette Wochen in den Bergen.

Es folgte eine Woche auf Elba, einer fantastischen italienischen Insel, die klein, wunderschön, gemütlich und zu dem Zeitpunkt noch nicht besonders gut besucht war. Anschließend eine Woche Urlaub mit den Schwiegereltern in den toskanischen Bergen in dem abgeschiedensten und beeindruckendsten Ferienhaus, das ich jemals gesehen habe.

Alles in allem eine fantastische Elternzeit-Reise mit zwei emotional stabilen Erwachsenen und zwei sehr bezaubernden Kindern.

Dieses Jahr sollte unsere dritte folgen, aber Corona meinte: »Haha! Nie im Leben, ihr Spinner!«

Geplant waren drei Wochen in Griechenland, dann drei Wochen Wildcampen in Albanien (megaaufregend) und ein bisschen Italien. Dann für drei Wochen nach Hause und von da aus über den dänischen Campingplatz, den mein Vater Jahr für Jahr mit seiner Familie bevölkert, für drei Wochen nach Schweden. Es wäre der Wahnsinn geworden.

So sind es vier Wochen Kroatien. Was natürlich toll ist, versteht mich nicht falsch. Aber es fühlt sich ein bisschen so an, als würde man in einem Restaurant ein Fünf-Gänge-Menü bestellen und am Ende bekommt man eine Kinderportion Spaghetti mit Tomatensoße. Es ist etwas zu essen, klar! Aber nicht ganz das, worauf ich mich das ganze Jahr über gefreut habe.

Trotzdem macht auch dieser Sommerurlaub schon die Wochen davor erträglicher. Alles, was sonst tierisch nervt, nervt zwar immer noch, aber ich habe schon im Hinterkopf, dass das bald alles vorbei ist und wir in den Urlaub fahren.

Vorfreude ist die beste Freude – eigentlich ein extrem bescheuerter Spruch, finde ich. Der Satz bedeutet wortwörtlich ja: Solange du noch nicht weißt, dass es am Ende gar nicht so geil wird, wie du gehofft hast, ist es am besten.

Ich bin ja grundlegend auch eher pessimistisch eingestellt, aber das ist selbst mir etwas zu krass. Vorfreude ist etwas Schönes, und erst jetzt als Vater und erwachsener Mann kann ich sie so richtig genießen. Die Kinder haben das nicht wirklich, glaube ich. Das ist einer der wenigen Nachteile, wenn man so sehr im Moment lebt wie die. Da ist alles normal, man geht in den Kindergarten, spielt im Garten und ZACK!: Urlaub. Dreimal geblinzelt und man sitzt sechsundzwanzig Stunden lang im Auto.

Es gibt bestimmte Klischees, wenn es um Urlaube geht, und eines der großen ist das Packen. Und ich hasse Klischees.

»Die Frau bringt immer neue Teile zum Auto, alles in einzelnen Jutebeuteln verpackt, komplett unsortiert, und der Mann versucht alles – Stück für Stück immer genervter – in das sowieso schon überladene Auto zu stopfen, bei jeder zweiten Sache murmelnd, dass man das ja nun wirklich nicht hätte einpacken müssen.«

Was für ein dummes Klischee, und am Ende auch nicht besser als: »Männer fragen nie nach dem Weg und Frauen wollen immer nur über ihre Gefühle reden.« Ätzend.

Bei uns funktioniert Packen so, dass meine Frau immer neue Teile zum Auto bringt, alles in einzelnen Jutebeuteln verpackt, komplett unsortiert, und ich versuche alles – Stück für Stück immer genervter – in das sowieso schon überladene Auto zu stopfen, bei jeder zweiten Sache murmelnd, dass man das ja nun wirklich nicht hätte einpacken müssen. So.

Weil wir aber wissen, dass das unser normaler Ablauf ist, haben wir uns dieses Jahr darauf verständigt, dass meine Frau einen riesigen Haufen im Wohnzimmer macht, und ich all den Kram dann in Alukisten sortiere, die perfekt ins Auto gestapelt werden können. Anstatt uns also darüber aufzuregen, dass die andere Person irgendetwas falsch macht, machen wir jeweils das, was wir gut können – denn nur so macht das Sinn.

Würde ich die Sachen zusammensuchen, würden wahrscheinlich die Zahnbürsten fehlen, wir hätten weder Salz, noch Handtücher, und spätestens bei der Ankunft würde uns auffallen, dass wir alle ohne Kopfkissen schlafen müssen. Müsste meine Frau wiederum das Auto packen, würden die Kinder nicht mehr reinpassen, weil die Teller einzeln auf ihren Sitzen gestapelt wurden.

Manchmal ist es okay, sich einzugestehen, dass man ein wandelndes Klischee ist und dadurch Streit vermeidet. Wir machen es das erste Mal so wie jetzt, und es ist das erste Mal, dass wir nicht genervt abfahren. Beide nicht.

Ich habe nicht die geringste Ahnung, was mich geritten hat, und ich bin mir sicher, dass ich es mit ironischen Hintergedanken getan habe, aber: Ich habe einen mit Akku betriebenen Handstaubsauger gekauft. Ich habe ihn gesehen, ich musste lachen bei dem Gedanken, ihn zu kaufen, und habe es getan. Ich bin mir auch sicher, dass ich ihn beim ersten Mal ironisch benutzt habe. Für ungefähr eine halbe Minute.

Von da an war er Teil meines Lebens, ich liebe ihn, und ich möchte ihn um nichts in der Welt wieder hergeben. Für mich bedeutet er Entspannung, und er gibt mir das Gefühl, mein Leben im Griff zu haben, wenn ich mit seiner Hilfe den Fußboden im Auto sauber halte. Er hat einen eigenen Platz im Auto, und das letzte, was ich kontrolliere, bevor ich die Heckklappe zuwerfe, ist das Ladegerät. Mit dabei? Alles klar.

Und dann geht es los.

Stunden später.

Die Kinder schlafen in ihren Sitzen, meine Frau auch. Wenn ich ehrlich bin, ist das der beste Teil der Reise. Nur ich bin noch wach, höre Hörbuch, esse Brotchips und gleite mit 103 km/h über die Autobahn.

Alles davor war die Hölle.

Klar, die Fahrt ist ja schon Teil der Reise, den man gelassen nehmen muss und einfach gemeinsam mit den Kindern … Arschlecken.

Wir haben den gleichen Fehler begangen wie immer: »Lass uns doch einfach schon um 18 Uhr losfahren und nicht erst zur Schlafenszeit. Dann machen wir ein bisschen mehr Strecke und müssen morgen nicht so viel fahren. Klar hat das die letzten Male jetzt nicht sooooo gut funktioniert, weil nach spätestens eineinhalb Stunden kein Kind mehr Bock hat rumzusitzen – am wenigsten das Baby – und dann alle rumnörgeln, keiner einschläft aufgrund der Mischung aus Aufregung, Restless-Legs-Syndrom und McDonald's-Apfelschorle in diesen kleinen, zitternden Kinderkörpern. Aber dieses Mal! Dieses Mal wird das ganz reibungslos laufen!«

Natürlich nicht. Nach sechzig Kilometern heult meine Tochter, weil sie auch auf Mamas Arm will, der aber schon von dem brüllenden Baby besetzt ist. Mein Sohn will ein Hörbuch hören, versteht bei dem Gebölke aber kein Wort und rastet aus. Ich würde die Stimmung mal als leicht angespannt beschreiben und damit lügen.

Aber jetzt ist das alles vorbei. Alle schlafen. Megageil!

Ich lausche Rufus Becks Stimme, der mir John Irving ins Ohr säuselt und tätschele das Armaturenbrett, wie ich es immer tue, wenn wir in den Urlaub fahren.

Dieses Auto ist der Hammer. Ein roter T5 Multivan. Kein T3, geschweige denn T1, wie ihn alle haben wollen, weil man dann automatisch so aussieht, als wäre man extrem stilvoll, automatisch sonnengebräunt, total entspannt, früher mal Surfer gewesen und weltgewandt. Extrem weltgewandt. Dafür ist der T5 verlässlich, weil nicht so alt. Da geht nichts kaputt. Und das ist ja das Wichtigste.

Und dann auf einmal leuchtet da diese Lampe. Hahaha! Kann gar nicht sein. Wir waren ja gerade erst in der Inspektion. Kann also gar nicht leuchten. Vielleicht ignoriere ich das einfach. Das wird das Beste sein. Ignorieren hilft eigentlich immer. Außer bei Zahnschmerzen. Und dem Naziproblem in Deutschland. Und meiner Mutter. Shit – ich muss rechts ran. Ignorieren klappt nie. Bei gar nichts, wenn man ehrlich ist.

Also rauf auf die Raststätte und Motor aus. Immerhin blinkt die Scheißlampe nicht. Das ist doch ein Ding, oder? Blinken ist immer gefährlicher. Blinken brüllt: Gefahr! Gefahr! Gefahr! So ein bisschen an sein kann so ein Lämpchen schon mal. Das sagt eher: Diggi, kein Grund zur Panik! Ich wollte nur kurz Bescheid sagen, dass da eventuell ein kleines Problemchen sein könnte, das sich aber im Handumdrehen erledigen lässt. So ist das doch bei den Lämpchen am Armaturenbrett, wenn die leuchten, bitte. Oder? Immerhin blinkt es nicht!

Das Bordbuch sagt auf jeden Fall, dass Kühlflüssigkeit auszutreten scheint. Wenn die Lampe blinkt, kann man damit noch weiterfahren, sollte die Lampe dauerhaft leuchten, muss der Motor sofort abgestellt werden, oder es droht ein Motorschaden. Warum blinkst du denn nicht, du Scheißlampe!

Ich steige aus dem Auto. Es ist 4.32 Uhr am Morgen des ersten Urlaubstages. Wenige Meter von mir entfernt preschen Autos mit 180 km/h Richtung Süden, und ich telefoniere mit dem Pannendienst der Versicherung.

»Ja, das klingt ja nicht so gut, Herr Neumeier. Da schicken wir lieber gleich einen Pannendienst. Also ich sage gleich, aber wann der dann genau kommt, das weiß ich jetzt natürlich auch nicht. Kann schon dauern. Keine Ahnung, wie lange. Sind ja auch nicht die zuverlässigsten, sach ich jetzt mal. Na, immerhin stehen Sie jetzt nicht in Polen, da wäre der Wagen schon weg. Hahaha! … Wie rassistisch?! Das war doch nicht rassistisch gemeint. Einige meiner besten Freunde sind Türken, da machen Sie sich mal keine Gedanken. Also soll ich jetzt einen Pannendienst kommen lassen, oder nicht? Gut, der kommt dann irgendwann. Schühüß!«

Ich wandere rastlos auf dem Rastplatz entlang – welch Ironie. Was für ein beschissener erster Tag. Aber was soll's – so was passiert, und immerhin schlafen die Kinder, es ist trotz der Tageszeit warm, und irgendwann kommt dieser Dienst schon.

Ehrlich gesagt bin ich immer noch relativ entspannt. Muss die Urlaubsstimmung sein. Zwanzig Minuten später rollt ein Viehtransporter neben uns an und kommt zum Stehen.

Der Fahrer steigt aus und öffnet die Lüftungsklappen – scheint wohl 'ne Regel in Deutschland zu sein, dass die Tiere noch mal ein bisschen atmen sollen, bevor man ihnen ein paar Stunden später sowieso einen Bolzen in den Hinterkopf rammt. Alte Scheiße, sind diese Schweine laut. Es klingt ein wenig, als wüssten sie ziemlich genau, wo dieser LKW hinfährt. Sie quetschen ihre rosa Schnauzen aus den winzigen Luftschlitzen und quieken, als würde man ihnen da drinnen die Haut lebendig vom Leib reißen. Was ja erst später passiert, nach dem Bolzenschuss. Wir sind ja keine Unmenschen in Deutschland. Das wäre ja Quälerei!

Das klingt jetzt ein bisschen so, als wäre ich Vegetarier, weil mir das Elend dieser Tiere so nahegeht. Stimmt aber nicht.

Also ohne es jetzt schon zu wissen, werde ich in zwei Wochen anfangen, auf Fleisch zu verzichten, aber das Elend der Tiere geht mir ehrlich gesagt am Arsch vorbei, sobald dieser LKW nachher wieder auf die Autobahn rollt.

Versteht mich nicht falsch, natürlich stehe ich neben diesem Viehtransporter und nehme mir vor, den Rest meines Lebens kein Schwein mehr zu essen – so ein abgebrühtes Arschloch, dass mich diese hysterischen Hilferufe kalt lassen und ich zum Fahrer gehe und ihn frage, ob ich mir nicht vielleicht jetzt gleich ein Kotelett aus einem der Tiere fräsen dürfte, bin ich jetzt auch nicht. Aber ich bin halt so, wie wir alle.

Jetzt gerade geht mir das Leid dieser Säue nahe und ich beschließe, mein Leben zu ändern, aber spätestens beim nächsten Restaurantbesuch habe ich dann doch wieder so sehr Bock auf Medaillons in Salbeisoße, dass ich mein Gutmenschentum über Bord werfe und von da an kein Vegetarier mehr bin. Das ist doch normal, oder nicht? Dafür gibt es bestimmt auch irgendeinen psychologischen Fachausdruck, den meine Frau sicher kennt. Irgendein schlaues Wort für Verdrängung.

Nein, der Grund, warum ich zwei Wochen später auf Fleisch verzichten werde, ist die Logik meines Sohnes. Mit seinen sechs Jahren beginnt er sich für Naturwissenschaften zu interessieren. Also, er ist kein Genie und wird höchstwahrscheinlich nicht mal eine Klasse überspringen, aber er begeistert sich für sämtliche Zusammenhänge in der Natur. Und deswegen esse ich jetzt kein Fleisch mehr. Das ausschlaggebende Gespräch verlief so:

»Papa, wie entsteht der Klimawandel?«

»Also, da gibt es eine Menge Gründe für oder eher Sachen, die wir Menschen auf der Erde machen, wodurch sie kaputtgeht.«

»Was denn alles?«

»Puh. Also Kohlestrom ist nicht besonders geil, und dazu verbrennen wir noch viel zu viel Erdöl. Also, für Benzin und Heizen und so. Dann bestellen wir Unmengen an Krams, den wir eigentlich nicht brauchen, in Ländern, die extrem weit weg sind. Und der Krams muss dann gebaut und hierher gebracht werden. Und damit unser Essen gut wächst, werden Unmengen von Dünger benutzt. Und dann wird der Wald noch überall abgeholzt.«

»Warum wird der abgeholzt?«

»Weil die da Kühe wohnen lassen wollen. Und die essen wir dann. Und die Kühe brauchen extrem viel Platz für sich selbst und dann noch mehr Platz, damit ihr Futter angebaut werden kann, und da kommt dann wieder zu viel Dünger drauf.«

»Also ist Fleisch essen schlecht fürs Klima?«

»Ja, ziemlich schlecht sogar.«

»Aber wir essen doch Fleisch, oder?«

»Ja. Schon.«

»Dann wäre es doch schlau, wenn wir damit aufhören, oder, Papa?«

»Fuck.«

Also essen wir kein Fleisch mehr. So weit kommt das noch, dass ich mich von jemandem, der nicht einmal lesen und schreiben kann, moralisch belehren lasse und danach auch noch zu schwach bin, um seinen richtigen Argumenten nicht Folge zu leisten.

Ich bin also nicht einmal überzeugter Vegetarier, sondern einfach nur sehr stur, und ich habe einen Wettkampf mit meinem Sohn angefangen, an den *er* zwanzig Sekunden nach offiziellem Start aufgehört hat zu denken. Und ich würde jetzt gerne behaupten, dass ich fair spiele, aber so ganz stimmt das auch nicht – unsere Konversation ging nämlich noch weiter.

»Dann wäre es doch schlau, wenn wir damit aufhören, oder, Papa?«

»Fuck. Aber dann kannst du bestimmte Sachen nicht mehr essen, die du jetzt so gerne isst.«

»Was denn zum Beispiel?«

»Keine Frikadellen mehr. Keine Salami. Kein gebratenes Hühnchen. Thunfisch isst du doch auch so gerne. Und Lachs. Und Bolognesesoße. Das gibt es dann alles nicht mehr.«

»…«

»Das wäre doch schade, oder?«

»…«

»Muss man sich dann einfach sehr gut überlegen, ob man darauf …«

»Sind Nudeln okay?«

»Ja, Nudeln sind vegetarisch.«

»Dann machen wir das.«

»Fuck!«

Habe ich meinen Sohn versucht zu manipulieren, um ihn davon abzubringen, das moralisch Richtige zu tun? Absolut. Fühle ich mich deswegen schlecht? Ehrlich gesagt, nicht besonders. Ich habe gefühlt so viel für dieses Kind zurückgelassen – da habe ich ja wohl das Recht, dafür zu kämpfen, dass einige der Sachen bleiben, egal, mit welchen Mitteln.

Auf der anderen Seite ist es fast schon schmerzhaft zu sehen, wie viel einfacher meinen Kindern einige der Dinge fallen, mit denen ich zu kämpfen habe.

Bis heute fällt ihm der Vegetarismus nicht halb so schwer wie mir – er isst einfach ganz nebenbei kein Fleisch mehr.

Ich glaube, dass viele Eltern das Gefühl haben, für ihre Kinder eine Menge aufgegeben zu haben. Am Anfang merkt man das nur nicht so. Säuglinge ziehen einen so sehr in den Bann, dass man den Übergang zwischen den beiden Leben – eins ohne und eins mit Kind – nicht so realisiert. Man ist einfach zu aufgeregt und fasziniert und erschöpft und einfach müde, um zu bemerken, wie sich das ganze Leben um einen herum und vor allem auch in einem drin verändert.

Statistisch gesehen (und ich nutze dieses Wort sehr gerne, obwohl ich nicht eine einzige Statistik dazu gelesen habe – ich finde aber, dass das, was ich danach sage, schon so klingt, als könnte es eine Statistik dazu geben, und da niemand, der mir zuhört, das Gegenteil beweisen kann, macht es mich automatisch klüger in den Augen der Zuhörenden – ist nur scheiße, wenn man dann erwischt und korrigiert wird, aber: *no risk, no fun*), also statistisch gesehen trennen sich sehr viele Paare nach dem ersten Babyjahr.

Das liegt daran (keine Ahnung, ob das stimmt, was ich jetzt hier behaupte, ich denke mir das ja nur aus. Ich hätte jetzt auch schreiben können »Wissenschaftler*innen haben herausgefunden, dass das daran liegt …«, aber das wäre dann ein bisschen viel gewesen, wenn ich vorher schon eine Statistik in das Gespräch einfließen lasse, die es nicht gibt. Man muss ja die Menschen nicht dazu verleiten, das am Ende noch wirklich zu überprüfen), das liegt also daran, dass man nach einem Jahr den eigenen Kopf zum ersten Mal wieder aus der Baby-Bubble zieht.

Bis hierhin hat man seine Freizeit und die Freunde und den Sport und das Hobby und den Theaterbesuch nicht wirklich vermisst, weil man komplett mit diesem Baby beschäftigt war und mit allem, was so dazu gehört.

Und auf einmal kann man wieder durchatmen, vielleicht schläft das Ding abends regelmäßig vor einem ein, lernt laufen, beschäftigt sich zwischendurch wenigstens fünf Minuten lang alleine und schon sitzt man da und merkt: Shit, ist das alles anders geworden in meinem Leben. Ich habe mich verändert, meine Partner*in hat sich verändert, alle meine Tage sind anders als früher – will ich das überhaupt so? Und dann trennen sich einige.

Und dann der ganze Krams, über den man diskutiert, der vorher nicht da war. Wer arbeitet wie viel? Wer macht mehr im Haushalt? Ich habe heute schon zweimal Kacke weggemacht, warum kommst du nicht mal auf die Idee? Du hast viel mehr Freizeit als ich!

Bereitet dich auch keiner drauf vor.

Ich fand immer, dass es für unsere Beziehung sehr hilfreich war, dass wir so wenig Zeit als Paar hatten, in der wir wirklich nur zu zweit waren. Ich habe meine Frau ja quasi schon als Mutter kennengelernt, was bedeutet, dass ich dann, als sie Mutter war, nicht wirklich etwas von ihrem alten Ich vermissen konnte, einfach deswegen, weil ich es nicht kannte.

Ich höre das oft von Vätern. »Ich vermisse einfach die Person, mit der ich damals zusammengekommen bin, sie hat sich so verändert.«

Klar. Hat sich meine Frau auch. Aber wenigstens hatte ich keine Ahnung davon, wie sie vorher war. Und dieser Wunsch nach einem alten Ich ist doch auch irgendwie bescheuert. Alle Menschen verändern sich mit der Zeit. Ob eine Beziehung funktioniert oder nicht, liegt doch auch an der Bereitschaft, sich dem Tempo der Veränderung des anderen anzunähern.

Hätte ich mich und mein Verhalten nicht in den letzten sieben Jahren geändert, könnte ich es meiner Frau schlecht verübeln, wenn sie mich verlassen hätte.

»Aber die Kinder haben dich viel gelehrt und dafür gesorgt, dass du dich reflektierst und hinterfragst und einfach zu einem besonneneren Mann geworden bist, oder, Moritz?«

Nein. Das war mein Therapeut.

Um 5.24 Uhr kommt endlich der Mann vom Pannendienst. Ich merke sehr deutlich, wie sich mein Verhalten ändert, wenn ich einem Handwerker gegenüberstehe – und ich gendere hier mit Absicht nicht, weil es sich tatsächlich nur bei männlichen Handwerkern ändert.

Ich rutsche unwillkürlich in ein tieferes Norddeutsch, das ich im echten Leben niemals sprechen würde, und nicke sehr oft, um zu signalisieren, dass ich absolut jedes Wort verstanden habe und ich das Problem *eigentlich* selbst hätte beheben können – aber: Ach! Dafür fehlt einfach die Zeit, du weißt ja, wie das ist. Aber nee, auf jeden Fall muss man da die Schnüdeltrille auswechseln, das habe ich sofort gedacht, als ich da … klar, sonst kracht dir der Achterhaken nachher hinten raus, auf jeden Fall. Und dann nicke ich wieder mit dem Kopf und versuche so zu stehen, dass es möglichst männlich aussieht.

Denn darauf läuft das Ganze ja hinaus. Irgendetwas an Handwerkern sorgt dafür, dass ich mich krass unmännlich fühle, einfach nur, weil ich sie gerufen habe. Oder vielmehr: rufen musste. Weil ich das nicht selber konnte. Weil ich ein Versager bin, der nachts heimlich mit Puppen spielt und ins Laken pisst. So einer bin ich nämlich!

Einmal habe ich den Klempner gerufen, weil unser Warmwasser nicht mehr ging. Und dann kam er, hat das Thermostat wieder auf »warm« gestellt und ist wortlos gegangen.

Das war schlimm für mich.

Und dann habe ich einen anderen Klempner gerufen, weil der Wasserhahn draußen wohl kaputtgegangen sein muss. Vielleicht eingerostet oder verklemmt – auf jeden Fall nicht mit menschlicher Kraft zu bewegen.

Und dann kam der Mann und ging zu dem Hahn und drehte einmal kräftig, und dann funktionierte der Hahn wieder, und der Mann ist nicht wortlos gefahren.

Nein, er hat mir dann noch erklärt, dass man diese Hähne manchmal mit viel Kraft drehen muss. Und dann schien er daran zu zweifeln, dass ich tatsächlich diese Kraft besitze, denn er baute einen neuen Hahn ein. Einen, den man nicht so doll drehen muss.

Einen Hahn für Moritz.

Und jetzt also der Pannendienstmann. Er würde mal in den Motor gucken, viel könne er da aber sowieso nicht machen, was vor allem daran liege, dass er vergessen habe, sein Werkzeug einzupacken. Geiler Typ. Auf jeden Fall. Gut, dass es solche Leute gibt. Wenn ich meinen Job so ernst nehmen würde wie er, hätte ich dieses Buch nach den ersten acht Seiten einfach beendet, weil ich vergessen habe, wie Buchstaben funktionieren.

Nach einem mehr oder weniger fachmännischen Blick füllt er den Kühlwasserbehälter mit Trinkwasser auf und rät mir dazu, in die nächste Werkstatt zu fahren.

»Hätte ich Ihnen eigentlich auch am Telefon schon sagen können, dann hätten Sie gar nicht die drei Stunden warten müssen.«

Tja, so ist das wohl. Ciao!

Glücklicherweise liegt die nächste Werkstatt direkt hinter der nächsten Ausfahrt, und nur zweieinhalb Stunden später öffnet sie auch.

Der Mann, der sich jetzt unser Problem anhört, ist das komplette Gegenteil von dem Rastplatzmann. Seinen Namen habe ich mir nicht gemerkt, wenn ich aber jetzt an ihn denke, heißt er in meinem Kopf François – was nie im Leben sein richtiger Name ist, aber das perfekt gestärkte weiße Hemd, die legere Art und die nicht zu bändigende Freundlichkeit können keinen deutschen Namen haben. Ich bin mir ziemlich sicher, dass ihm oder seinen Eltern die Werkstatt und die drei daran angeschlossenen Autohäuser gehören, und trotzdem ist er der Service in Person. Hilft aber nichts.

»Ja, ehrlich gesagt kann ich da gar nicht viel machen. Wegen Corona arbeiten wir hier nur mit der Hälfte des Personals, die Warteliste ist für dreieinhalb Wochen voll. So wie das aussieht, brauchen Sie da auch einige neue Teile, weil das Kühlwasser sämtliche Schläuche zerfressen hat. Die habe ich definitiv nicht auf Lager, und heute ist Freitag, vor nächster Woche kriegen wir die auch nicht geliefert.«

Dann steht er etwas ratlos vor dem Auto und guckt es an. In diesem Moment steigt meine Frau mit unseren Kindern aus, was ein bisschen so gewirkt haben muss, als würden sich siebenundzwanzig Clowns aus einem Fiat Punto schälen, weil sich François zu mir wendet und fragt, ob das alles meine Kinder seien.

Ich bin versucht, ihm zu antworten, dass ich mindestens zwei der Kleinen noch nie in meinem Leben gesehen habe, meine Frau muss die neu haben, oder wir haben sie aus Versehen auf irgendeinem Parkplatz eingesammelt, bin mir aber nicht sicher, wie gut mein Humor in dieser Situation bei ihm funktioniert. Außerdem bin ich schlicht und ergreifend zu müde, um irgendwelche dummen Scherze zu machen. Also antworte ich einfach mit: »Ja.«

Das scheint etwas zu ändern. François überlegt kurz, dreht sich dann ruckartig in Richtung der Werkstatt und meint: »Wir machen das irgendwie. Das geht ja nicht, dass Sie hier mit drei Kindern rumhängen in dem Scheißkaff. Warten Sie bitte hier.«

Irgendwie keimt Hoffnung in mir auf. Keine Ahnung, woher das kommt, aber meine Hoffnung stirbt tatsächlich immer zuletzt.

Selbst, wenn die Entscheidung schon zu meinen Ungunsten gefallen ist, rechne ich innerlich immer ein bisschen damit, dass ein Wunder geschieht. Es kommt nicht selten vor, dass die Mannschaft, der ich zujubele, das Spiel verliert, und ich noch einige Minuten lang hoffe, dass jetzt rauskommt, dass die Gegner geschummelt haben und das Ergebnis zurückgesetzt wird. Auf der einen Seite ist das natürlich eine schöne Eigenschaft, weil sie durchblicken lässt, dass ich tief in meinem Innersten doch optimistisch eingestellt zu sein scheine. Am Ende ist sie aber einfach nur naiv und schiebt die Enttäuschung ein paar Augenblicke hinaus.

Weil ich weiß, dass meine Hoffnung in den meisten Fällen komplett unbegründet ist, gucke ich mich schon mal im Internet nach Ferienwohnungen in der näheren Umgebung um. Alte Scheiße, ist das trostlos hier. Man könnte natürlich in umgebauten Saunafässern für circa zweihundertvierzig Euro pro Nacht schlafen, oder man tut so, als seien wir eine Gruppe reisender Mönche – für den Fall hätten wir die Chance auf eine Kammer in dem nahegelegenen Kloster. Das gibt es immer noch? Klöster?! Da waren Leute auf dem Mond, und einige von uns haben in diesem Land immer noch das Gefühl, es sei die beste Entscheidung ihres Lebens, wenn sie keine Frauen anfassen und mit Gott 'ne Menge Bier trinken?

Vielleicht bin ich in diesem Moment bei diesem Thema etwas garstig, aber was erwartet man von mir? Ich habe seit sechsundzwanzig Stunden nicht geschlafen und bin an meinem ersten Urlaubstag in einem bayerischen Idyll gestrandet, mit der Aussicht, mehrere Tage hierbleiben zu müssen, und der Ungewissheit, ob dieses Scheißauto überhaupt wieder fahrbereit sein wird.

François kommt zurück: »Also, passt auf. Wir haben noch eine zweite Werkstatt, die jetzt nicht so direkt als Werkstatt angemeldet ist, und ich habe einen unserer Jungs überredet, seinen freien Tag zu opfern. Der fährt jetzt los und holt die Teile in der Nähe von München ab, da gibt es die, und dann baut der die ein. Leider sind alle unsere Ersatzwagen belegt, aber ihr könnt euch eins der Ausstellungsautos aus dem Autohaus nehmen. Nur nicht kaputt fahren, bitte. Ich rufe dann nachher mal an und sag Bescheid, wie es aussieht.«

Anstatt ihn stürmisch zu küssen, wie es mein erster Impuls mir rät, bedanke ich mich überschwänglich. »Kein Problem«, sagt François, er habe selbst drei Kinder, und wenn er mit denen am ersten Urlaubstag irgendwo in der Pampa für 'ne Woche stecken geblieben wäre, hätte er wahrscheinlich eins der Kinder aus Wut erwürgt oder seine Frau verlassen. Oder beides, HAHAHAHA! Er wiehert ein bisschen, und ich bin mir sicher, dass mein Humor bei ihm funktioniert hätte.

Wir bekommen einen nagelneuen Jeep aus dem Autohaus, bei dem ich mir ziemlich sicher bin, dass zwei von ihm so viel kosten wie unser Haus. Er sieht dermaßen teuer aus, dass ich die Kinder zwinge, ihre Schuhe auszuziehen, bevor sie einsteigen. Jetzt haben wir also einen ganzen Tag in dieser bayerischen Einöde zu füllen, und weil das Kloster der einzig prägnante Ort in der Nähe zu sein scheint, fahren wir erst einmal dahin.

Verstehe ich nicht. Ich würde es nie verurteilen, dass sich jemand dafür entscheidet, Ordensbruder oder -schwester zu werden (ich habe beim Schreiben kurz überlegt, ob es da eine non-binäre Form gibt, weil ich richtig gendern wollte, bis mir klar wurde, dass katholische Klöster wahrscheinlich nicht der richtige Ort sind für Menschen, die sich mit Geschlechtsidentifikation auseinandersetzen), jeder soll mit seinem oder ihrem Leben anfangen, was immer er oder sie möchte, aber ich verstehe es einfach nicht. Klar: Wenn deine Familie im vierzehnten Jahrhundert gemerkt hat, dass die Rüben nicht für alle reichen, oder irgendeins der Kinder tatsächlich schlau genug war, um lesen und schreiben zu lernen, dann schickt man das ins Kloster – macht Sinn. Aber wie viele Leute wissen heute kurz nach ihrer Pubertät: »Nee. Das mit dem ganzen Sex und den Sachen, die die Welt da draußen bietet, ist einfach nicht so meins. Ich gehe am besten ins Kloster, entsage allem Irdischen und bete 'ne Menge.«

Das klingt schon wieder so abfällig bei mir, aber so ist es nicht gemeint. Vielleicht sollte ich mich mal mit jemandem unterhalten, der diese Entscheidung getroffen hat, einfach, um es besser verstehen zu können.

Heute aber stehe ich nur kopfschüttelnd an der Kasse des klösterlichen Biosupermarktes (der ist wiederum ziemlich geil) angesichts der jungen Leute in ihren Kutten und Trachten. Vor mir in der Schlange kauft ein Mann in lila Gewand ein, was ihn, glaube ich, zu etwas Besonderem macht. Also nicht, dass er vor mir in der Schlange steht, sondern, dass er Lila trägt. War das nicht so, dass die dann weiter oben in der kirchlichen Nahrungskette stehen?

Den Rest des Vormittags verbringen wir damit, den gigantischen Penis eines Stieres im Klostergarten zu betrachten. Wahnsinn, wie groß so ein Penis sein kann. Hätte ich den mit fünfzehn gesehen, hätte ich wahrscheinlich geweint.

Ist es eigentlich so, dass alle Jungs ein paar Jahre lang automatisch davon ausgehen, dass ihr eigener Penis kleiner ist als der aller anderen?

Ging das nur mir so?

Ich habe relativ früh angefangen zu masturbieren. Mit vier. Nein, Spaß – aber ich war acht, was trotzdem früher war als bei anderen Jungen. Ich weiß das ziemlich genau, weil ich mich an den Versuch erinnere, einen meiner Freunde von der Idee zu begeistern, die Haut an seinem Penis hoch und runter zu schieben. Wir teilten uns damals ein Zimmer in einem Ferienhaus in Dänemark, und ich sehe noch vor mir, wie ich versuchte, es ihm zu erklären und es ihm, weil er während meiner theoretischen Lektion nicht im Geringsten reagierte, schließlich praktisch vorführte. Irgendwann drehte er sich einfach mit dem Gesicht zur Wand und schlief ein.

Ich erinnere mich auch noch an den Moment, an dem zum ersten Mal etwas aus meinem Pimmel herauskam, als ich fertig war. Das war interessant und komisch und aufregend gleichzeitig. Und so lange beglückend, bis ich mich zum ersten Mal fragte, wo das Zeug eigentlich herkommt und wie viel ich davon im Körper habe.

Und dann habe ich jahrelang masturbiert mit der Angst, dass dieses Mal das letzte Mal gewesen sein könnte, bei dem da etwas rauskommt. Was, wenn das beim nächsten Mal leer ist, und dann kann ich keine Kinder mehr bekommen? (So viel hatte ich in der Zwischenzeit also verstanden – ich wusste, wofür dieses weiße Zeug eigentlich da ist, nur nicht, wie viel ich davon verschwenden darf.)

Dadurch wurde jeder Orgasmus von der Scham begleitet, dass ich es wieder nicht geschafft hatte, mich zum Wohle meiner zukünftigen Kinder oder viel mehr zum Wohle ihrer Geburt aufzusparen.

Weird, oder?

Wie einfach man das hätte auflösen können. Ich hätte einfach jemanden fragen können. Oder noch einfacher wäre es gewesen, wenn mein Vater mir das ungefragt erklärt hätte. Natürlich habe ich mir dieses Gespräch mit meinem Sohn schon vorgenommen – ich muss nur noch den richtigen Zeitpunkt festlegen.

Das sollte ja gut abgepasst sein, wann genau man dem Jungen erklärt, dass es völlig normal ist, wenn man seinen eigenen Penis so lange knetet, bis man einen Orgasmus hat, und dass da früher oder später auch Samen rauskommen. »Und von denen hast du unendlich viele! Die werden nie alle! Also zieh durch!« Das ist etwas, das ich meinem Sohn mitgeben möchte. »Und dein Pimmel ist auch nicht kleiner als die anderen – du siehst ihn nur von oben und die anderen von der Seite, und dann sieht das so aus. Guck in den Spiegel!«

Manche Männer haben auch einfach Blutpenisse, die erst so richtig in ihre eigentliche Größe kommen, wenn sie steif sind. Das werde ich meinem Sohn jetzt nicht gleich sagen, ich schreibe es nur mal für all die jungen Männer auf, die das hier lesen und vielleicht bis heute Angst davor haben, sich ohne Handtuch umzuziehen.

Gern geschehen.

Bei diesem Stier ist es ziemlich egal, aus welchem Blickwinkel man sein Gemächt bestaunt (und bestaunen ist das einzig richtige Wort – meine Frau, ich und auch die Kinder stehen sprachlos angesichts dieses monströsen Schwengels am Elektrozaun. Mehrere Minuten lang unfähig etwas anderes zu sagen als: »Alter Schwede … Das ist doch nicht normal …« und »Das sieht doch auch nicht gesund aus!«).

Die angespannten vier Stunden vor dem erlösenden Anruf aus der Werkstatt (der dann um kurz vor sechs kommen wird) verbringen wir an einem kleinen Bergsee – so ein Stierpimmel rettet eben dann doch nicht über einen ganzen Nachmittag, spätestens nach dem Mittagessen muss eine neue Beschäftigung her, und was ist da geeigneter als das kühle Nass. Die Kinder baden und toben, und es fühlt sich fast ein bisschen wie Urlaub an – nur an einem schäbigen Ort.

In solchen Momenten werden mir unsere Privilegien bewusst. Der See ist nicht besonders sauber, am Strand gibt es ein »Restaurant«, in dem man furchtbare, furchtbare Dinge essen kann. Die angeschlossene Minigolfbahn hat schon bessere Tage gesehen, dann schlechtere, dann fünfzehn Jahre Regen und jugendliche Zerstörungswut und ist trotzdem immer noch in Betrieb. Also theoretisch. Praktisch hat sie wahrscheinlich seit Jahren niemand betreten.

Das ganze Setting ist unmittelbar an eine Landstraße grenzend untergebracht, sodass neben den Grillen vorbeipreschende Autos die Hintergrundmusik spielen.

Und an diesem See verbringen dann einige Familien ihren Sommerurlaub. Was ich weiß, weil sich meine Frau mit einigen von ihnen unterhält. Ich nicht. So bin ich einfach nicht. Klar kannst du mich ansprechen und versuchen, Small Talk zu machen, aber das führt mit mir zu nichts.

Ich führe in meinem Beruf, sobald ich auf Tour bin, rund um die Uhr Small Talk. Mit Veranstalter*innen, Techniker*innen, Journalist*innen, Fans, Taxifahrer*innen und mit jeder Menge der für das Wohl der Künstler*innen zuständigen Leute. Wenn ich in meiner Freizeit dann auch noch dazu gezwungen bin, verweigere ich das ganz einfach.

Ich meine, ich kann das gut – so ist das nicht. Ich weiß, welche Fragen man stellen muss, damit das Gegenüber ins Reden kommt, weiß, was ich zu antworten habe, damit ein Gespräch nicht abbricht. Kann so tun, als würde es mich ganz brennend interessieren, wie es denn nun aussieht mit so einer Kulturförderung im Staate Nordrhein-Westfalen oder dem Unterschied zwischen drehbaren und statischen LEDs. Und wenn alle

Stricke reißen, hat das Gegenüber meistens ein Kind, und dann ist der Small Talk gerettet.

Ich kann das. Und ich mache das auf Tour, weil es a) mein Job ist, nett und angenehm zu sein und b) die Zeit vertreibt, denn Zeit muss ich mit all diesen Leuten so oder so verbringen, dann kann man sie sich auch so angenehm wie möglich machen.

Es führt aber dazu, dass ich privat eine extreme Abneigung gegenüber Small Talk entwickelt habe. Ich werde richtig müde, sobald ich ihn anfangen soll. Alles in mir stöhnt auf, wenn mein Gegenüber mit irgendeiner belanglosen Frage beginnt und klar ist, dass meine Antwort eigentlich niemanden interessiert und nur zu einer weiteren belanglosen Frage führen wird, und danach habe ich dann Platz, meinerseits eine belanglose Frage zu stellen, deren Antwort ich vergessen haben werde, sobald ich mich umdrehe und nicht mehr mit dieser Person spreche, deren Namen ich mir nicht gemerkt habe, obwohl wir uns zum siebten Mal sehen und den ich mir auch, bis ich irgendwann meinen letzten röchelnden Atemzug tun werde, nicht merken werde. Und so funktioniert Small Talk, und das kann ich privat nicht.

Es ist, als würde mir jemand einen großen Teller voller Weißbrot hinstellen und ich müsste jede Scheibe einzeln herunterwürgen, während mein Gegenüber mir lächelnd nickend dabei zusieht. Das ist Small Talk für mich, wenn ich ihn nicht beruflich mache. Und deswegen führe ich ihn ganz einfach nicht mehr.

Ich stelle keine Fragen und beantworte keine gestellten, sodass daraus ein Gespräch entstehen kann, und lasse jeden Versuch einfach versiegen. Das lässt mich unnahbar erscheinen, eigenbrötlerisch, arrogant, verschroben, unfreundlich oder depressiv. Ist mir aber alles lieber als Small Talk.

Natürlich ist das scheiße für meine Frau, weil sie das irgendwie ausgleichen muss. Sie kann Small Talk. Richtig gut sogar. Wenn sie mit den Kindern irgendwohin geht, kommt sie danach meistens mit zwei oder drei Gesprächen in der Tasche zurück. Selbst hier an dem Landstraßensee unterhält sie sich mit siebzig Jahre alten Dauercampern, irgendwelchen minderbemittelten Versicherungsvertretergattinnen (und ich weiß, dass das sexistisch klingt – ich will damit nicht sagen, dass diese Frauen nicht mehr sind, als die Partnerinnen von Versicherungsvertretern, aber wenn man sich dreißig Minuten lang mit ihnen unterhält und danach nichts über diese Person erfahren hat, außer, dass ihr Mann Versicherungen verkauft, weil es das einzige ist, worüber sie spricht, dann tut es mir leid, aber dann sind das für mich nicht mehr als Versicherungsvertretergattinnen) und grenzdebilen Anglerfreaks, die mit ihren Ruten am Strand stehen und sich inmitten kreischender Kinderhorden wundern, warum heute schon wieder kein Fisch anbeißt.

Und mit wirklich jedem einzelnen von ihnen hat meine Frau ein Thema und fragt nach und erzählt und smalltalkt sich durch den sonnenbeschienenen Nachmittag. Bewundernswert, finde ich.

Ich wiederum sitze hier und bin einfach nur froh, gleich wieder weg zu sein, und dann höre ich, dass einige der Badegäste jeden Sommer hier verbringen, seit ewigen Jahren, und dann merke ich, dass ich privilegiert bin.

Keine Angst – hier kommt jetzt keine seitenlange Selbstkasteiung, in deren Anschluss ich euch dazu auffordere, darüber nachzudenken, wie viele von uns privilegiert sind, einfach dadurch, dass wir das Glück hatten, in bestimmten Verhältnissen geboren zu werden, und dafür absolut gar nichts getan haben und wir deswegen einen Moment in uns gehen … wie gesagt, keine Angst, das kommt jetzt nicht. Ich sage nur, dass ich in diesem Moment gemerkt habe, dass ich privilegiert bin und es gut ist, das zwischendurch noch zu merken. Über alles Weitere reden wir später in diesem Buch, ihr weißen, reichen Bastarde.

Um kurz vor sechs kommt also die Nachricht, dass unser Bus fertig ist. Und ich bin erst einmal nur froh über den Anruf aus der Werkstatt, froh, diesen megaluxuriösen Mietwagen loszuwerden, der mir zu gut gefallen hat für jemanden, der immer behauptet, kein Interesse an luxuriösen Autos zu haben, der Werkstatt knapp neunhundert Euro zu bezahlen und danach einfach wieder losfahren zu können. Also beinahe hysterische Danksagungen meinerseits und dann ab ins Auto und los.

Wir fahren noch circa eine Dreiviertelstunde bis zu dem ersten Ort, den unsere Übernachtungs-App als einigermaßen legal und schön bezeichnet – eine Seenplatte, die so unübersichtlich ist, dass wir am nächsten Morgen länger brauchen werden, um wieder herauszufinden. Aber für heute ist es perfekt, und ich bin unendlich dankbar für unser Campingsetting.

Wie gesagt, sind wir mit unserem Multivan unterwegs. Ich wollte schon immer einen VW-Bus haben. Natürlich den alten T1. Aber dann schaut man mal, was es so an Angeboten gibt, und dann merkt man, dass man tatsächlich keine hunderttausend Euro überhat und überlegt sich dann etwas anderes.

Wäre ich jemand, der sich gut mit Autos auskennt und Freude daran hat, kaputte Dinge selbst zu reparieren, sich einzulesen in Foren, um Fehler selbst zu beheben, auf Schrottplätzen nach passenden Teilen zu suchen, um dann am Ende des Tages in meinem ölverschmierten Overall meinem Sohn zuzubrüllen, dass er »ihn jetzt mal kommen lassen soll« und dann heroisch vor der geöffneten Motorhaube zu stehen und stolz dem Klang des nun wieder einwandfrei laufenden Motors zu lauschen, während ich mir den Schmutz mit einem schon fast schwarzem Lappen von den schwieligen Händen wische – dann würde ich mir einen T3 kaufen.

So bin ich aber nicht. Wenn was kaputt ist, gehe ich in die Werkstatt. Und damit das nicht andauernd passiert, will ich ein Auto, das nicht so oft kaputt ist.

Und dann kauft man sich keinen T3, sondern einen T5. »Ja, aber ist der nicht ziemlich teuer, Moritz?«

Ja, ist er. Aber man kann ihn sich finanzieren, indem man auf sein Konto guckt und denkt: »Ja, Mensch, die Kohle haben wir doch locker!« Und dann ignoriert man einfach den Fakt, dass das Geld, welches man jetzt für den Autokauf hinblättert, eigentlich für die Steuer zurückgelegt war, und man am Ende des Jahres ein ziemliches Problem bekommen wird. Aber solch zurückhaltenden Gedanken kann man ja einfach mit »Ach, was soll's – am Ende werden wir sowieso irgendwann reich« quittieren. Und dann kauft man sich den T5 einfach.

Und dann? Dann kommt eine Pandemie, alle Touren werden abgesagt und man macht sich kurz in die Hose, weil man mit dieser Tour doch das Geld für die Steuer wieder reinholen muss, weil man exakt dieses Geld ja für den Bus ausgegeben hat, und man ja schon davon ausgeht, dass man irgendwann reich wird, aber vielleicht nicht gerade in diesem Jahr und … am Ende hat man trotzdem diesen Bus, und das ist es wert.

Vor allem dann, wenn man abends bei starkem Regen an irgendeinem Fischteich ankommt und innerhalb von zehn Minuten ein fertiges Camp aufgebaut hat. Was nicht nur am Bus liegt, sondern vor allem auch an unserem Dachzelt. Das ist ja auch 'ne geile Idee.

Bis vor ein paar Jahren haben das nur irgendwelche komplett durchgeknallten Jeepfahrer*innen benutzt, die dann irgendwo in der Wüste gepennt haben. Und weil das mit den Skorpionen und Schlangen jetzt nicht soooo geil war, gab es dann einfach so einen Kasten auf dem Dach, und dann war da ein zusammengeklapptes Zelt drin. Und so wie bei allem, was irgendwann mal nischig war, wurde auch dieses Ding an die Oberfläche gespült und macht jetzt die Runde. Ich werde dauernd darauf angesprochen – zuletzt von dem Mann, der meinen Schadstoff-Malerfarbeneimer angenommen hat. Er wolle schon seit Langem eine Tour durch Russland machen, ob das Dachdings da was tauge?

Also, ein kleiner Check: Ist das Ding im Vergleich zu einem normalen Familienzelt abartig teuer? Auf jeden Fall. Ist der Luxus, sein Zelt immer auf dem Dach dabei zu haben und es innerhalb weniger Minuten auf- und wieder abbauen zu können das Geld wert? Schon.

Unser Zelt ist zwei Meter breit und zwei Meter zwanzig lang. Das heißt, dass meine Frau mit den drei Kindern da bequem drin schlafen kann. Wahrscheinlich würde ich da auch noch reinpassen, wenn meine Kinder ruhig liegen bleiben würden. Aber das tun sie nicht. Weil sie Kinder sind. Aus irgendeinem Grund haben die kleinen Dinger nachts das Gefühl, wenn man

Der Pärchen-Zeltaufbau

Wir bauen hier kein Haus!

Das muss da aber drin sein …

sich nicht mindestens dreimal um die eigene Achse dreht, wäre die Nacht ein kompletter Reinfall gewesen. Also schlafe ich unten im Bus auf der Liegefläche und nehme morgens die Kinder in Empfang, während meine Frau oben weiterschläft.

Abgesehen davon umgehen wir mit einem Dachzelt einen der gängigsten Beziehungsstreits in Urlauben: Zelt aufbauen.

Die Seenplatte besteht eher aus einer Ansammlung sehr vieler kleiner Fischteiche, die von einer geteerten Straße durchtrennt werden. Biegen wir von ihr ab, können wir uns über zugewachsene Feldwege zwischen den Teichen hindurchschlängeln, bis wir einen kleinen Platz zwischen drei Tümpeln finden, der groß und vor allem gerade genug ist, um als Ein-Familien-Campingplatz durchzugehen.

Als ich den Motor ausstelle, beginnt es heftig zu regnen. Wäre das ein normaler erster Urlaubstag, würde das unsere Stimmung wahrscheinlich dämpfen – heute aber sind meine Frau und ich so sehr von dem Gefühl getränkt, einer kleinen Katastrophe knapp entkommen zu sein, dass der Regen uns und vor allem unserer Stimmung absolut nichts anhaben kann. Den Kindern sowieso nicht.

Kaum haben wir sie alle in ihre Regenhosen gequetscht und die Bustür geöffnet, reißen sie sich schon die Klamotten vom Leib und springen splitterfasernackt in die erste Matschpfütze. Während ich noch meine Gummistiefel anziehe, sehe ich dem Jungen dabei zu, wie er seine nackte Schwester mit etwas einreibt, dass höchstwahrscheinlich Erde ist, aber eher wie Jauche oder über Wochen hinweg eingeweichte Kuhscheiße aussieht.

Sollen sie machen. Den beiden dabei zuzusehen, wie sie aus einer Situation, die jeder Erwachsene nur stöhnend auf sich nehmen würde, zu einem tollen Erlebnis machen, ist wunderschön. Ihr Kreischen und Juchzen treibt mir fast die Tränen in die Augen, was wohl daran liegt, dass der Stress dieses Tages in diesem Moment von mir abfällt und ich vor allem sehr lange nicht geschlafen habe.

Das Dachzelt aufzubauen dauert keine fünf Minuten, die Heckklappe des Busses schützt vor Regen, und Essen haben wir schlauerweise schon auf dem Weg besorgt, sodass hier keiner im Regen stehend zu kochen braucht. Eigentlich ist alles perfekt, bis der Regen auf einmal aufhört, und uns klar wird, dass wir mitten in einer Mückenhölle gelandet sind.

Es dauert keine zwei Minuten und ich habe vierzehn (!) Mücken erschlagen, meine Frau kramt panisch in einer unserer Alukisten (beste Anschaffung aller Zeiten!), um unser gigantisches Mückennetz zu finden, für das ich sie beim Kauf ausgelacht habe und wofür ich jetzt grenzenlos dankbar bin. Sie findet es, und es ist grotesk groß.

Ich wickele den kompletten Bus darin ein. Und das ist keine stilistische Übertreibung. Wenn ich es über den Bus werfe und ihn vollständig damit bedecke, habe ich immer noch die andere Hälfte des Netzes in der Hand und weiß nicht so genau, wohin damit. Also stopfe ich den Rest einfach unter das Auto und hoffe, dass der Schlamm morgen von selbst abfällt.

Was dumm ist.

Ich habe oft mehrere solcher Situationen an einem Tag. Ich bin dabei etwas zu tun, merke dann, dass es sich spätestens morgen als dumm herausstellen wird, das getan zu haben, und tue es dann trotzdem. Beispiele? Klar – hab ich!

Wenn ich den Topf auf dem Herd sehe, weiß ich, dass es morgen ekelhaft anstrengend sein wird, ihn abzuwaschen, weil all der Krams da drinnen dann festgetrocknet sein wird, also wäre es schlauer, ihn jetzt einfach schnell zu spülen. Fertig. Tatsächlich scheine ich aber zu denken: »Gut. Aus irgendeinem magischen Grund trocknet da gar nichts drin fest *oder* wenn doch, dann stört es mich wahrscheinlich überhaupt nicht, morgen früh als erstes den Topfschwamm in die Hand zu nehmen, um zwanzig Minuten in alter Tomatensoße herumzuscheuern.« Und dann lasse ich den Topf stehen.

Oder wenn ich eine einzelne Schraube mit einem Plastikding dran finde und schon vor dem Mülleimer stehe. Und dann gibt es diesen Moment, in dem ich ziemlich genau weiß, dass ich zwar nicht die geringste Ahnung habe, wozu diese Schraube gut sein könnte, es aber in den nächsten Tagen den Augenblick geben wird, in dem ich denke: »Aha! Dafür ist die also da!« Und dann wäre ich froh darüber, sie in den Werkzeugschrank gelegt zu haben. Aber der ist in einem anderen Zimmer. Und der Mülleimer steht genau vor mir. Und dann schmeiße ich die Schraube weg.

Weil ich scheinbar dumm bin.

Jetzt stopfe ich also das Netz unter das Auto, merke, dass es dann komplett schlammig wird, ignoriere diesen Gedanken ganz einfach und stelle mich zurück unter die Heckklappe, um dabei zuzusehen, wie sich mittlerweile selbst das Baby kreischend in der Schlammgrube wälzt. Und dann habe ich zum ersten Mal so ein Urlaubsgefühl. Diese gewisse Leichtigkeit, durch die man das Gefühl hat, irgendetwas abschütteln zu können.

Der Rest des Abends ist entspannt. Wir reinigen die Kinder, so gut das eben geht, und stecken sie ins Bett. Ich lese noch ein wenig im Schein unseres Solarsonnenglases und das war's. Ehrentag.

Am nächsten Tag durchqueren wir Österreich. Wie durch irgendein Wunder schaffen wir dreieinhalb Stunden Fahrt, bevor die Kinder kirre werden, und sind bei der ersten großen

Pause schon in Slowenien. Alte Scheiße, sieht dieses Land schön aus.

Während ich mir diese fantastische Landschaft angucke, fällt mir auf, dass mein Bild von Slowenien vorher eigentlich gar nicht existent war. »Das ist Osteuropa«, war so ziemlich alles, was ich wusste. Und das Bild von Osteuropa, mit dem ich aufgewachsen bin, ist scheinbar nicht besonders gut. Warum sonst bin ich so überrascht darüber, dass die Leute hier auch teure Autos fahren und gepflegt aussehen?

Ich weiß, wie hart das klingt. Aber Mitschuld daran trägt, glaube ich, erstens das Bild, das uns von Russland eingeimpft wurde. Osteuropa, das waren als Kind für mich Länder, die so sind wie Russland. Und in Russland wohnen brutale Leute, und es gibt Sibirien, und das Leben ist hart. Und deswegen machen die Krieg mit Amerika, weil *deren* Leben nämlich cool ist, und darauf sind alle Russen neidisch.

Das ist es doch, was uns all diese Hollywoodfilme vermittelt haben. All die Geschichten über den Russen und warum er bekämpft werden muss. Dazu kommt der Fakt, dass die meisten Menschen osteuropäischer Abstammung, die ich bis dahin kannte, Menschen waren, die irgendwie in unserer norddeutschen Kleinstadt gestrandet waren und dort in den Hochhaussiedlungen zusammengepfercht wurden. Von deren Kindern wurde ich öfter mal verprügelt, und das war der einzige Kontakt, den ich mit Menschen aus Osteuropa hatte. Zumindest als Kind.

In den Jahren danach habe ich mein Bild natürlich etwas revidiert, aber geblieben ist das Gefühl, dass die Länder östlich von Deutschland immer ein wenig im Schatten liegen, wenn ich an sie denke. So mächtig ist Propaganda.

Und jetzt fahren wir durch eine grüne Hügellandschaft, biegen an irgendeiner Ausfahrt ab, weil die Kinder einfach nicht mehr still sitzen können, folgen einer sich durch Täler schlängelnden, schmalen Straße und erreichen einen glasklaren Bergfluss inmitten eines Naturschutzgebietes. Das ist also das richtige Osteuropa. Wunderschön. Wir entscheiden uns, den Rest des Tages einfach hier zu bleiben und erst zur Schlafenszeit weiterzufahren, spielen im flachen Wasser, sammeln schöne Steine und genießen die Sonne.

Während ich beim Bus eine Portion Nudeln auf dem Gaskocher fertig mache, spricht mich ein Mann an. Er sei hier Ranger in dem Naturschutzgebiet und wolle mich nur kurz darauf aufmerksam machen, dass es absolut und strengstens verboten sei, offenes Feuer zu nutzen. Seine Kolleg*innen seien da wahrscheinlich etwas strenger als er, die hätten gestern die Strafe angewandt, die das Gesetz für so eine Missachtung vorsehe, nämlich ein Bußgeld in Höhe von dreitausend Euro. Er wäre da aber jetzt mal so kulant, davon auszugehen, dass ich die sämtlichen Warnschilder, die man übrigens sogar von hier aus sehen könne, ganz einfach übersehen habe und würde mich bitten, das Gerät wieder einzupacken. Einen schönen Tag wünsche er mir aber trotzdem, hoffentlich würden die Kinder die Fahrt gut überstehen – er habe auch drei, und Urlaubsanreisen könnten ja auch ganz schnell mal anstrengend werden. Ich habe die Warnschilder tatsächlich übersehen – was ist los mit mir? Auf den Schreck sauge ich erst einmal das Auto.

Als es anfängt zu dämmern, fahren wir weiter. Ziemlich schnell beginnt es sturzbachartig zu regnen, und ich habe keine Ahnung, wo meine Brille ist. Und ich brauche die. Das war mir bis vor Kurzem auch nicht klar. Wenn ich mir selbst versichere, wie gut mein Körper funktioniert, beziehe ich mich auf offizielle Testergebnisse. Sei es nun bei der Sehfähigkeit oder der Hörleistung, Hodenkrebs habe ich auch nicht. Dafür gibt es ja offizielle Tests, und die Ergebnisse waren tippitoppi bei mir! Also mit achtzehn. Bei der Musterung.

Das war nämlich das letzte Mal, dass ich irgendeine Art von Test bei mir habe durchführen lassen, und irgendwie habe ich es geschafft, diese Ergebnisse jedes Jahr weiter in meinem Kopf einzutragen. Hundert Prozent Sehstärke auf beiden Augen und ein perfektes Gehör.

»Wollen Sie nicht doch überlegen, zur Bundeswehr zu gehen, Herr Neumeier? Mit den Testergebnissen könnten Sie ohne Probleme Scharfschütze werden.« Das waren die Worte des Amtsarztes. Als würde mich die Aussicht darauf, Menschen aus sehr großer Entfernung erschießen zu können, in dem Gedanken umstimmen, ganz einfach gar keine Menschen erschießen zu wollen. Egal, aus welcher Entfernung heraus.

Ich habe damals einen, wie ich finde, sehr guten Begründungsbrief geschrieben, warum ich mich weigern werde, Teil der Bundeswehr zu sein, die man meiner Meinung nach absolut abschaffen beziehungsweise in ein rein humanitäres Hilfsheer umwandeln sollte. Dass ein Land, das zwei Weltkriege begonnen hat, überhaupt wieder eine Armee unterhält und Soldat*innen in die Welt schickt, um dieses Mal »wirklich nur böse Leute abzuknallen. Wirklich! Hoch und heilig versprochen!«, ist für mich einfach nur absurd. Mir ist schon klar, dass Soldat*innen sehr sehr viele andere Aufgaben übernehmen, die UN-Friedenstruppen entsendet, man manchmal eine Bevölkerung mit Waffengewalt gegen Irre mit Gewehren beschützen kann, und es für einige Leute eine gute Idee ist, wenn sich auch Deutschland daran beteiligt – ich bin nicht grundnaiv. Aber ich will wenigstens kein Teil davon sein. Absolut nicht. Und all das habe ich in diesem eingeforderten Aufsatz geschrieben.

Und dann wurde meine Verweigerung abgelehnt. Ich dürfe es aber nochmal versuchen. Also habe ich beim zweiten Mal irgendeinen Wisch aus dem Internet kopiert, den weggeschickt und wurde dann zum Zivildienst zugelassen. Die Bundeswehr ist am Ende des Tages eben auch nur eine bürokratische Behörde, was ihre Existenz eher noch perverser macht, wie ich finde.

Auf jeden Fall wusste ich durch diesen Test ja ziemlich sicher, dass sämtliche meiner Körperfunktionen einwandfrei funktionieren.

Bis ich irgendwann den Fehler beging, spaßeshalber die Brille einer Freundin aufzusetzen – wie man das nun mal macht – und ich mit einem Mal sehr viel besser sehen konnte als ohne Brille. Die Blätter an den Bäumen hatten plötzlich eindeutig voneinander zu unterscheidende Konturen, und ich konnte Schilder lesen, die weiter weg waren als zwanzig Meter.

Die Optikerin, bei der ich anschließend war, fand es ganz erstaunlich, wie lange ich – gerade nachts – ohne Brille Auto gefahren sei. »Und Sie haben wirklich nie einen Unfall gebaut? Erstaunlich.«

Und genau *diese* Brille, die ich von da an eindeutig brauchte, ist jetzt nicht mehr aufzufinden. Im Nachhinein bin ich mir ziemlich sicher, dass sie noch heute irgendwo an diesem slowenischen Bergfluss liegt, überwuchert von Moos oder hinweggespült in die slowenische Tundra. (Ich weiß, dass es in Slowenien keine Tundra gibt und das Ganze landschaftstypisch auch absolut keinen Sinn ergibt, aber ich liebe das Wort und will es in meinem Buch benutzen. Tundra.)

Also kämpfe ich mich vornübergebeugt in nahezu Schrittgeschwindigkeit durch die slowenische Berglandschaft, weil wir auf die grandiose Idee kamen, nicht die Autobahn zu nehmen. Der Grenzübergang sei komplett überfüllt, hieß es im Internet – es gebe da aber noch einen kleinen Grenzposten an einem Bergpass, der nicht so überlaufen sei. Hinter mir bildet sich eine Schlange ungeduldig drängelnder Autos, die natürlich nicht sehen können, wie ich Wasser und Blut schwitzend versuche, diese Serpentinen im Blindflug zu meistern, ohne dabei meine komplette Familie auszulöschen, und die sich deswegen darüber aufregen, warum ich durch die Gegend fahre, als sei das hier eine bekackte Spazierfahrt. Ich kann es ihnen nicht verübeln – ich würde genauso fluchen wie sie.

Zum Glück lässt der Regen irgendwann nach, und vor uns taucht eine Autoschlange auf. Eine lange Schlange. Wir waren wohl nicht die einzigen, die auf die Idee kamen, diesen Grenzübergang zu passieren. Es dauert Stunden – vier, um exakt zu sein.

Ich bin jede Minute dieser vier Stunden nervös, ordne unsere Pässe ungefähr siebenhundertmal neu, um sie direkt bei der Hand zu haben, wenn ich danach gefragt werde. Falls verlangt, kann ich sämtliche Daten des gebuchten Campingplatzes auswendig, habe ein Bestätigungsschreiben der Besitzerin parat und alle Formulare doppelt ausgedruckt auf dem Schoß, die laut Internet verlangt werden könnten.

Ich war schon immer so. Sämtlicher Behördenkrams lässt mich sofort ins Schwitzen kommen, vor allem, wenn die Polizei oder andere Autoritäten im Spiel sind. Es ist die panische Angst, irgendetwas vergessen zu haben und dann aufgehalten zu werden. Zugegebenermaßen ist diese Angst nicht unbegründet – irgendetwas fehlt mir immer für einen reibungslosen Ablauf.

Für die Meldebestätigung das falsche Formular dabei, für die Kfz-Anmeldung die falsche Nummer von der Versicherung, für den Flug entweder die falsche Bordkarte ausgedruckt oder mich tatsächlich in der Uhrzeit geirrt (auf der letzten Elternzeit-Reise wurden wir nicht in das Flugzeug gelassen, weil ich die Reisepässe der Kinder vergessen hatte, also mussten wir uns ein Auto mieten und vierzehn Stunden über Nacht fahren, um noch rechtzeitig zu der Hochzeit meiner Schwester zu kommen), für die Wohnungsbewerbung die Kontoauszüge vergessen, für den Kreditantrag in der Bank den falschen Steuerbescheid dabei, bei der Geburt das Untersuchungsheft nicht eingepackt, geschweige denn die Krankenkassenkarte meiner Frau, für die Anmeldung der Geburt dann den Wisch nicht von meiner Frau unterschreiben lassen, bei dem Schuleignungstag das selbst gemalte Bild vergessen.

Es ist ein Wunder, dass ich tatsächlich verheiratet bin, wenn man bedenkt, dass ich dafür einen Auszug aus meinem Geburtenregister brauchte.

Mir fehlt immer irgendetwas, und es kommt selten vor, dass ich irgendeinen offiziellen Termin habe, bei dem ich nicht auf die Kulanz der Beamt*innen hoffen muss und ich das »auf jeden Fall noch nachreiche. Können wir da denn nicht noch irgendetwas machen? Ich warte doch schon so lange auf diesen Termin und brauche das wirklich ganz dringend!«

Also sitze ich jetzt vier Stunden in unserem Bus, während sich die Schlange der vor uns wartenden Autos langsam auf den Grenzposten zubewegt.

Endlich ist es so weit.

Mit zitternden Händen fahre ich an das Glashäuschen, penibel darauf achtend, nah genug an das Fenster heran zu manövrieren, um dem Beamten alles reichen zu können, was er verlangt, ohne aber dabei den Bordstein zu streifen, was ihn sonst wahrscheinlich vermuten ließe, ich hätte irgendwelche Drogen geschluckt, woraufhin zwanzig schwerbewaffnete Soldat*innen dann unser komplettes Gepäck auseinanderreißen würden, um die verdächtigen Substanzen zu beschlagnahmen. Ich schaffe es, den perfekten Abstand zwischen Autofenster und Kontrollhäuschen herzustellen, mein Herz pocht, und ich versuche, möglichst wenig auszusehen wie jemand, der gerade zweihundert Kilogramm Sprengstoff über die Grenze schmuggeln möchte und sich als Tarnung 'ne Frau und drei Kinder gemietet hat.

Der Mann in dem Häuschen sieht müde aus. Als ich vorfahre, blickt er kurz gelangweilt von seinem Bildschirm auf und winkt mich dann weg, als wäre ich eine Fliege in seinem Sichtfeld, die er mit einem Wischen vertreibt.

Ich gebe langsam Gas und rolle auf kroatischen Boden. Ein paar Hundert Meter lang unterdrücke ich das Gefühl, dass das alles zu reibungslos gelaufen ist. Das muss eine Falle sein, und gleich kommt erst der richtige Grenzposten, an dem mir dann irgendwelche Stempel fehlen, sodass wir unsere Reise abbrechen und nach Hause zurückkehren müssen. Aber nach ein paar Minuten bin ich mir sicher, dass alles okay ist und jubiliere innerlich.

Von hier aus ist es keine Stunde mehr den Berg hinab zu unserer Fähre. Die nächtliche Stadt ist menschenleer, aber hell erleuchtet. Alles sieht aus, als hätte man es für Urlauber*innen vorbereitet, die dieses Jahr nicht gekommen sind. Die Straßen und Fußwege sind klinisch rein, jeder Blumenkasten perfekt arrangiert, das Licht der Straßenlaternen eher gelb als weiß, was dafür sorgt, dass es ein bisschen so aussieht, als hätte man einen Instagram-Filter über alles gelegt.

Wir haben uns über die Übernachtungs-App einen Platz ausgesucht, an dem wir ein paar Stunden schlafen und auf die erste Fähre warten können. Das einzige Problem: Diesen Platz gibt es nicht. Vielleicht war hier mal ein Platz, an dem man »problemlos und ungestört eine Nacht verbringen kann«. Jetzt gerade ist hier ein Schild, auf dem »Betreten absolut verboten« steht. Ich habe das Gefühl, dass wir nicht die ersten sind, die hier ein paar Stunden totschlagen wollen und sehe ein, dass das den Menschen, die hier in ziemlich direkter Nachbarschaft wohnen, enorm auf den Sack gegangen ist. Da würde ich früher oder später auch so ein Schild aufstellen. Oder vielleicht auch eine Nagelrolle, um absolut sicherzugehen, dass Wohnmobile, die das Schild ignorieren, zwar hierhin, aber dann nicht wieder weg können. Einfach aus Prinzip. Vielleicht lernen die es ja dann.

Uns bleibt also nichts anderes übrig, als uns auf einen Schotterplatz an die Landstraße zu stellen. Ein wenig Schutz vor den Blicken der Vorbeifahrenden spendet nur ein verrammelter Orangenverkaufsstand.

Ich baue das Dachzelt auf, verfrachte die Kinder nach oben, meine Frau wankt noch halb schlafend hinterher, und ich fange an, mein eigenes Bett aufzubauen, als mir dunkel ein Fakt in

Erinnerung kommt, den ich irgendwo über Wildcampen in Kroatien gelesen habe.

Und dann bin ich so dumm, das nochmal im Internet nachzulesen. Die allgemeine Strafe in Kroatien für freies Campen beträgt fünftausend Euro (das sagt zumindest meine Erinnerung und ich weiß, dass ich diese Zahl damals als real angesehen habe. Wenn ich jetzt beim Schreiben recherchiere, sind es vierhundert Euro. Dazwischen liegt ein ganz schöner Unterschied – klar. Und deswegen ist es ja auch gut, dass ich so gewissenhaft recherchiere. Da klopft mir meine Lektorin doch wahrscheinlich in Gedanken auf die Schulter, während sie das hier liest).

So theoretische Strafen sagen ja jetzt erst einmal nicht so viel über die Realität aus. Es ist in Deutschland zum Beispiel auch verboten, Wespen zu töten. Das Bußgeld für eine einzige getötete Wespe beträgt je nach Bundesland zwischen fünftausend und fünfzigtausend Euro. Fünfzigtausend Euro für eine einzige getötete Wespe! Und dann ist das nicht einmal eine besonders seltene Art, sondern du hast die Wespe leider in Thüringen getötet. Und dann bist du ruiniert! Du verlierst dein Haus, musst dein Auto verscherbeln, alles, was nicht niet- und nagelfest ist, wird verpfändet!

Aber das ist noch nie passiert. Dieses Bußgeld ist komplett utopisch und wurde noch nicht ein einziges Mal verhängt. Das meine ich mit *theoretischer* Strafe.

Jetzt ist es aber wohl in Kroatien so, dass diese theoretischen Strafen gar nicht mal so sehr theoretisch sind. Ich lese mich durch eine Menge Erfahrungsberichte von Leuten, die den gleichen Gedanken wie ich hatten und dann tatsächlich fünftausend Euro bezahlen mussten (wie gesagt, für mich waren es damals fünftausend Euro – keine Ahnung, wo diese Zahl herkam).

Ich denke, ich habe mein panisches Verhältnis Beamt*innen gegenüber auf den letzten Seiten penibel genug erläutert, um nicht extra erklären zu müssen, warum ich mich auf diesem Schotterplatz dazu entschlossen habe, den Rest der Nacht wach zu bleiben, um – für den Fall, dass ein Polizeiauto vorfährt – den Beamt*innen erklären zu können, dass wir hier in keiner Weise wildcampen.

»Nein, nein, nein! Vielmehr machen wir eine kleine Pause und haben, um uns vor dem Wind zu schützen, das Dachzelt aufgeschlagen. Aber daran, dass ich nicht schlafe und hier mit Ihnen spreche, können Sie ja einwandfrei erkennen, dass wir *nicht* campen. Wer campt denn nachts und schläft dann nicht?! Und wenn Sie da sonst noch irgendetwas als Nachweis brauchen, reiche ich das gerne nach!«

Irgendwann gegen sechs Uhr morgens nicke ich doch zwanzig Minuten lang kurz weg, dann werden die Kinder wach – komplett überdreht, weil man von hier aus das Meer schon sehen kann.

Wir fahren runter zur Fähre, kaufen unsere Tickets, besorgen uns schnell zwei miserable Milchkaffees und stehen wenige Minuten später an Deck der Fähre. Die Überfahrt dauert keine Viertelstunde, und schon rollen wir mit innerlichen Fanfaren auf Cres ein.

Die Insel Cres

Reiseführer würden hier wahrscheinlich die harten Fakten nennen:

Die Insel **Cres** [tsrɛs] (italienisch *Cherso*, deutsch veraltet *Kersch*) ist zusammen mit der exakt gleich großen Insel Krk die größte Insel der Adria. Sie liegt im nördlichen Teil der Kvarnerbucht vor der Halbinsel Istrien und gehört zur Gespanschaft Primorje-Gorski kotar in Kroatien.

Tourismusbeauftragte (Edeltrips.com) würden sagen:

Cres ist von melancholischer Schönheit. Die lange, steile, nahezu undurchdringliche Küste mit naturbelassenen Stränden wird von ein paar geschwungenen Buchten unterbrochen, in denen verträumt Fischerdörfer nisten. Und in Cres, der einzigen größeren Stadt der Insel, pulsiert sommers das Leben im bunten venezianischen Hafen.

Ich sage:

Die Insel besteht gefühlt zu neunundneunzig Prozent aus Geröll und Olivenbäumen, zwischen die man in harter Arbeit versucht hat, ein paar Ortschaften zu prügeln. Was gar nicht negativ gemeint ist. Es sieht ein bisschen rough aus, etwas unerschlossen und erst auf den zweiten Blick wirklich attraktiv – und das mag ich sehr. »Insgesamt sieht es nicht so geil aus wie Griechenland« – das fasst das Ganze meiner Meinung nach am besten zusammen.

Es gibt eine große, geteerte Straße quer über die gesamte Insel. Um zu unserem Campingplatz zu gelangen, verlässt man sie aber in einer Höhe von »oh Gott, wenn wir hier abrutschen, kommen wir als Leichen unten an«, um dann eine schmale, brüchige, hier und da weggeschwemmte Schotterpiste, die steil bergab geht, herunterzurutschen, während man versucht, keines der Schafe totzufahren, die hier überall kreuz und quer in der Gegend herumstehen.

Ich bin erleichtert und froh, als wir auf den Parkplatz einbiegen, bis mir klar wird, dass ich die ganze Strecke nachher wieder hoch und noch mal runter muss, wenn ich den Einkauf erledige. Der Campingplatz wurde uns von Freunden empfohlen. Er wird zu neunzig Prozent von slowenischen Dauercamper*innen bevölkert, die aber wenn, dann nur am Wochenende und jetzt während Corona eigentlich gar nicht da sind.

Ich kann nicht leugnen, dass es mir schwerfällt zuzugeben, dass wir während der Pandemie in den Urlaub gefahren sind. Irgendwie fühlt sich das falsch an. Ich habe mein Gewissen in den Wochen vor der Abreise damit beruhigt, dass wir hier sehr viel einfacher Abstand halten können als zu Hause, weil wir 1. niemanden kennen, die Kinder 2. nicht im Kindergarten sind und wir 3. relativ alleine auf weiter Flur sein werden. Außer uns nutzt nur eine weitere Familie die »Wiese« für Nichtdauergäste (eigentlich bräuchte man für eine Wiese so etwas wie Gras, das es hier definitiv nicht gibt – es ist eher eine Wiese aus Steinen und jeder Menge Olivenkernen. Also keine Wiese. Sehr kleine Einöde ist vielleicht passender), und das wird sich in der nächsten Zeit auch wohl nicht ändern. Spätestens, als ich uns bei der Besitzerin anmelde, merke ich, dass der Tourismus in diesem Jahr wohl extrem spärlich ausfällt.

Bis heute bin ich mir nicht sicher, ob sie Kroatin oder Britin ist, beide Sprachen beherrscht sie perfekt. Gut, beim Kroatischen kann ich das jetzt schlecht beurteilen, aber ich höre zumindest keinen Unterschied, wenn sie mit anderen Kroat*innen spricht. Sie erzählt mir, dass dieses Jahr eine Katastrophe sei, drei Viertel der sonst ausgebuchten Plätze seien frei, und es habe sich auch nicht wirklich jemand angekündigt. Aber was solle man machen, da kann man nichts machen.

So scheiße das für sie ist, freut es doch mein Gewissen, weil ich mir sicher bin, dass wir unseren Urlaub dann nicht auf irgendeinem überlaufenen Fleck verbringen, uns anstecken und das Virus weiterverbreiten. In dieser Region von Kroatien gab es seit Februar insgesamt nur drei Coronafälle, obwohl viel getestet wurde.

Jetzt und heute weiß ich, dass das wahrscheinlich naiv war, aber damals musste ich mir einreden, dass es völlig okay sei, Urlaub zu nehmen und wegzufahren, und da war mir jedes Argument recht, um das zu rechtfertigen.

Wir bauen unseren Platz auf, breiten uns aus, checken den Wetterbericht in Deutschland, lachen uns diabolisch ins Fäustchen, weil es zu Hause die nächste Woche über bei elf Grad durchregnen soll, und ignorieren, dass das Baby gerade mit einem faustgroßen Stein auf den Bus einprügelt.

Meine Frau schreibt ihren Eltern, dass wir gut angekommen sind. Das ist etwas, was ich mir fest vorgenommen habe: Meine Kinder nicht darum zu bitten, mir das zu schreiben. Ich meine, ich kann es verstehen, dass man das lesen möchte. Ich will auch zu jeder Sekunde wissen, dass es meinen Kindern gut geht, aber diese Nachrichten bei der Ankunft sind doch nicht mehr als ein illusorischer Schwindel. Okay, wir sind gut angekommen. Aber kann es nicht sein, dass wir diese SMS abschicken, und zwei Minuten später beißt ein wild gewordener Rottweiler dem Baby das halbe Gesicht weg?

So eine SMS sagt doch nichts darüber aus, ob man wirklich in Sicherheit ist. Ja, man ist nicht im Straßenverkehr gestorben, und ich verstehe, dass sich Eltern darüber Sorgen machen. Warum hören die Sorgen aber nach dieser Nachricht auf, obwohl wir mit drei Kindern, die alle nicht schwimmen können, Urlaub am Meer machen? Vielleicht hat der Papa aus dem Nachbarzelt morgen einen psychischen Zusammenbruch und entscheidet sich spontan dazu, die eigene Familie und alle möglichen Zeugen mit dem frisch ausgepackten Opinel-Campingmesser zu filetieren. Wer weiß das schon?! Ankomm-SMS sind Opium fürs Elternvolk!

Wenn wir wirklich nicht ankommen, lest ihr das morgen in der Zeitung. Aber natürlich schreibt man trotzdem.

Alles ist gut.

Also eigentlich nicht. Wie ihr auf den nächsten paar Dutzend Seiten lesen werdet, ist absolut nicht alles gut. Die nächsten Tage verlaufen wie die fünf Phasen der Trauer: Leugnen, Wut, Verhandeln, Depression, Akzeptanz.

Was nicht schön klingt, aber zumindest interessant werden könnte.

Also los.

Tag 1

Leugnen

Der erste Gang an den Strand ist der Moment, in dem ich am liebsten alles andere loslassen und vergessen möchte.

Alles, was einen zu Hause beschäftigt, ist ja zu Hause und nicht hier. Hier ist Sand und Wasser und Spaß und Entspannung. Auf den bunten Badetüchern liegen keine Abgabetermine. Da räkelt sich nicht die Angst, nicht erfolgreich genug zu sein, unter dem halb abgeknickten Sonnenschirm. Im Wasser tummeln sich Fische und nicht die Sorgen über den Herbst ohne Tour und dadurch ohne irgendwelche sicheren Einnahmen. Auf uns wartet eine Abkühlung und nicht der Steuerbescheid des letzten Jahres, der uns potenziell die letzten angesparten Reserven kosten kann. Es ist die Sonne, die uns den Nacken verbrennt und nicht das Gefühl, zum ersten Mal seit Jahren nicht zu wissen, wie es für uns weitergeht, wenn ich tatsächlich nicht mehr auftreten kann – keine Ahnung, wie lange diese Pandemie noch geht.

Erst hieß es: Komm, wir sagen mal alle Shows im März ab. Oder weißt du was, wir canceln jetzt einfach mal alles bis zum Sommer, dann fangen wir einfach früher mit der Auftrittspause an, und im Herbst geht es dann ja weiter. Oh Shit, dann fehlt uns aber eine Menge Geld, das sind ja fast dreißig Shows, die dann wegfallen. Ah! ZDFneo möchte eine Sendung machen, das sagen die eigentlich schon seit über einem Jahr, vertrösten uns aber immer wieder, bis sie durch Corona merken, dass sie all ihre anderen Shows wegen des Lockdowns nicht weiterdrehen können, und dann fragt man Moritz und seinen Freund

Till, ob sie nicht Bock hätten, in ziemlich genau vier Tagen auf Sendung zu gehen, was den größten Stress ihres Lebens bedeutet, weil man normalerweise eine Sendung sechs bis zehn Monate vorbereitet und nicht vier Tage lang. Aber gut! Dann ist das Geld doch schon mal wieder ausgeglichen, und dann geht es im Herbst ja weiter, oder nicht? ODER NICHT?!

Aber diese Gedanken gibt es hier ja gar nicht. Hier denkt man daran, welches Eis man gleich essen wird und ob man es sich nur einbildet, dass die Orangen hier so viel leckerer schmecken als zu Hause.

Hier ist alles gut. Der erste Tag geht zu Ende. Die Kinder bleiben so lange wach, wie sie es eben möchten – ist ja Urlaub, und Mama und Papa sind entspannt. Scheiß auf Rhythmus, scheiß auf Regeln.

Wir haben Urlaub. Und im Urlaub ist man entspannt.

Punkt.

Tag 2

Wut

Ich brülle die Kinder schon vor dem Frühstück an. Habe ich einen Grund dafür?

»Auf jeden Fall!«, schreie ich dem fragenden Gewissen entgegen und weiß, dass das eine Lüge ist. »Das Mädchen hat ein Glas umgeworfen!« Aber das tut es ungefähr dreimal am Tag. Und wenn sie es nicht tut, dann tun es das Baby oder der Junge. Man sieht also, dass ich ständig dabei bin, irgendwelche Flüssigkeiten mit einem Lappen aufzuwischen. Und in den allermeisten Fällen ärgert es mich vielleicht ein bisschen, aber nicht wirklich. Dann gibt es ein »Och, Mensch. Jetzt pass doch mal auf!« Oftmals nicht einmal mehr das. Ehrlich gesagt hole ich meistens einfach einen Lappen und wische das weg, und das war es dann.

Und dann gibt es Tage wie heute. Dann schmeißt sie ein Glas um, und ich fange an zu brüllen. Und ich weiß ganz genau, dass meine Reaktion nichts mit ihr oder dem Glas zu tun hat. Dann bin ich einfach gestresst und fühle mich wie ein zu weit gedehnter Luftballon, der zu zerplatzen droht, und dann kann alles eine Nadel sein.

Manchmal ist es ein bisschen so, als wäre da schon ein ganzer Berg voll Anstrengung in mir, und wenn dann noch eines der Kinder versucht, darauf Schlitten zu fahren, dann raste ich aus. Und dann hat das nicht wirklich etwas mit dem Kind zu tun.

Man sieht das in ihren Gesichtern. Wenn meine Wut so unvermittelt aus mir herausplatzt, dass sie nicht die geringste Ahnung haben, woher das jetzt kam. Dann gucken sie immer so, als sei mein Brüllen ein Bär gewesen, der auf einem Einrad vorbeifährt. Nicht ängstlich und nicht einmal wirklich von der ganzen Sache betroffen. Eher etwas überrascht und ratlos, wie man das jetzt einordnen soll. »Wo kam das denn jetzt her?«, scheinen ihre kleinen Gesichter zu fragen, sodass ich sie dann entweder schütteln oder küssen möchte. Oder beides gleichzeitig.

Und schon während ich brülle, merke ich, dass das nicht fair ist und nichts mit den Kindern zu tun hat. Und am liebsten würde ich aufhören und sie alle in den Arm nehmen und ihnen sagen, dass sie toll sind und es mir leid tut.

Aber das kann ich dann nicht. Und dann schäme ich mich dafür, das nicht zu können und habe das Gefühl, ich wäre ein furchtbarer Vater, der seine Kinder kaputtmacht, weil er sich selbst nicht im Griff hat. Und dann hocke ich unter dem Küchentisch und wische die Milch auf und möchte am liebsten heulen und tue es nicht.

Und so ist es heute. Und dass doch eigentlich Urlaub ist, macht die ganze Sache für mich nur noch schlimmer. So ist man nicht im Urlaub. Im Urlaub ist man entspannt und fröhlich und ausgelassen. Jetzt sei ausgelassen, verdammt noch mal! Ich gehe ein bisschen staubsaugen.

Hätte ich vorher gewusst, wie sehr mich diese Betätigung beruhigt – ich hätte vor Jahren so ein Ding besorgt. Dieses Gefühl, jedes kleine Störelement einfach mit einem WUSCH! entfernen zu können, wünsche ich mir für meinen Kopf. Ich mache mir schon wieder zu viele Gedanken über die Zukunft? Warte … WUSCH! Wieder Platz für anderes. In der Realität bleiben meine Ängste zwar im Kopf, die Krümel im Bus aber haben keine Chance.

Viele Väter fühlen sich schlecht, wenn sie merken, dass sie mit ihren Kindern überfordert sind. Ich mich auch. Ich habe dann das Gefühl, ich müsste das alles besser können, dürfte nicht so viele Fehler machen, müsste aufhören, wütend und im schlimmsten Fall laut zu werden. Überforderung gilt bei vielen Vätern als Schwäche.

Aber das ist sie nicht. Sie ist ein Zeichen dafür, dass du aktiv versuchst, Zeit mit deinen Kindern zu verbringen. Wenn du, so wie Generationen von Vätern vor uns, diesen Kinder- und

Wie man Kinder ruhigstellen kann

DIE MENSCHLICHE SANDBURG

Erziehungsscheiß einfach der Frau überlassen würdest, einfach nur arbeiten gingest, irgendwann nach Hause kämst, Abendbrot äßest und dann Zeitung läsest, weil du dich von einem langen Arbeitstag erholen müsstest, dann wärst du auch nicht überfordert mit den Kindern. Und es ist ganz nebenbei völlig normal, die Version dieses früheren Vaters zu hören und kurz eifersüchtig zu werden. Kurz zu denken: »Das klingt ja schon ganz geil.«

Das klingen Dinge, die wir als unmoralisch betrachten, aber eigentlich immer.

Natürlich würde ich zum Beispiel gerne meine Kinder hauen. Wirklich, Moritz? Natürlich! Wie geil wäre das denn? Jedes Mal, wenn sie irgendeine Frage an mich richten, obwohl ich gerade mit einem Erwachsenen spreche, einfach zulangen und schon sind sie still?

Würde ich das ernsthaft jemals tun? Nein.

Wünsche ich mir manchmal, so jemand zu sein, der das ohne irgendeine Art von schlechtem Gewissen machen kann, weil er und seine Umwelt davon ausgehen, dass das nicht nur normal, sondern sogar wichtig für das Kind ist, damit es gut erzogen wird, und wäre es deswegen im Grunde genommen meine Pflicht, die Kinder zu hauen, und ich würde an keinem Punkt meines Lebens merken, dass das eigentlich falsch ist?

Absolut!

Ohne all dieses Wissen, dass Kinder emotional sensible Wesen sind, deren Psyche man extrem einfach kaputtmachen kann, wäre Erziehung schon sehr viel einfacher.

Einfach vor den Fernseher setzen, und wenn sie nerven: Hier und da ’ne Tracht Prügel.

Wobei, ehrlich gesagt würde ich die Kinder gar nicht hauen. Ich würde sie schubsen. Schubsen ist die harmloseste und gleichzeitig erniedrigendste Form von Gewalt, die ich kenne. Am besten in eine Hecke, dann tut es nicht wirklich weh, aber man hat trotzdem dieses befriedigende Gefühl. Außerdem sieht es auch noch lustig aus. Eine Win-win-Situation für alle.

Außer für das Kind natürlich.

Tag 4

In meinem Kopf

Es hat sich absolut nichts geändert. Ich brülle immer noch. Klar, es ist völlig normal, dass ich ein paar Tage brauche, um im Urlaub anzukommen, was vor allem an der Art und Weise liegt, wie ich arbeite.

Meine normale Arbeitssaison beginnt im September. Das Wetter wird schlechter, es wird früher dunkel, und die Menschen bekommen wieder Lust, abends in geschlossene Räume zu gehen, um sich irgendwelche Auftritte anzugucken, anstatt grillend in Parks rumzuhängen.

Oktober bis März sind die Hauptarbeitsmonate. Draußen ist es kalt, man ist froh, irgendetwas zu tun zu haben und übertüncht diese widerlichen Wintermonate einfach mit ein bisschen Comedy. In dieser Zeit bin ich dann unterwegs. Der Rhythmus zwischen Tour und zu-Hause-Sein hat sich mit den Jahren immer weiter verändert.

In den ersten Jahren einer Bühnenkarriere kann man es sich nicht groß aussuchen, wann man wo auftritt. Wenn da ein Laden sagt: Hier kannst du spielen, dann fährst du da hin – dann, wenn es dem Laden passt. Was bedeutet, dass man völlig chaotisch in der Weltgeschichte herumtingeln muss. Man hat zwei Auftritte, ist dann einen Tag zu Hause, dann wieder einen Auftritt, zwei Tage zu Hause, dann vielleicht sogar drei Auftritte, drei Tage zu Hause, einen Auftritt, vier Tage zu Hause und so weiter. Der beschissenste Schichtdienst aller Zeiten, wenn man mich fragt.

Zum Glück ändert sich das, wenn du bekannter wirst. Nach ein paar Jahren wissen die Läden schon vorher, dass sie dich auftreten lassen wollen, und man kann ein bisschen planen. Dann legt man vier bis fünf Termine aneinander, was das Ganze effizienter macht. Noch ein Jahr später ist man hoffentlich erfolgreich genug, um von sich aus eine Tour planen zu können, und dann sucht man sich einfach passende Städte zusammen. Mein Modus war es dann, zehn Tage auf Tour zu sein und anschließend zwei bis drei Wochen am Stück zu Hause.

Für diesen Herbst hatten wir etwas ganz Neues vor. So, wie es Bands machen, wollten wir es auch probieren, sprich: Ich trete zweiunddreißig Tage am Stück auf – eine gewaltige Tour – und mache dann Pause bis März. Dann nochmal einundzwanzig Tage und dann wieder Pause bis in den Herbst. Hat ja jetzt nicht so gut funktioniert, aber ich werde es nochmal versuchen, sobald es wieder geht. Vor allem, weil es dann zweimal im Jahr ein Nachhausekommen gibt und nicht achtmal.

Den April musste ich in der Vergangenheit so richtig vollknallen mit Auftritten, weil ich da genug Geld verdienen musste, um über den Sommer zu kommen – ohne weitere Einnahmen, dafür mit fortlaufenden Kosten und Steuerabgaben. Im Mai stoppt dann diese ganze Maschinerie urplötzlich und man ist zu Hause. Von heute auf morgen.

Dieser Übergang von Nonstop-Arbeiten zu Jetzt-ist-frei fällt mir immer etwas schwer, weil sich alles in mir erst einmal umstellen muss. Das geht wahrscheinlich jedem arbeitenden Menschen so, wenn er oder sie in den Sommerurlaub fährt.

Zum einen ist der Punkt, dass ich jedes Mal neu lernen muss, nicht rund um die Uhr über tausend Sachen nachzudenken, die die Arbeit betreffen. Zum anderen ist es anstrengend, auf einmal nur noch zu Hause zu sein, weil das enorm viele Umstellungen mit sich bringt, von denen ich mir bei einigen gar nicht eingestehen möchte, wie schwer sie mir fallen.

Durch das Touren habe ich ja regelmäßige Pausen von zu Hause. Klar: Auch das ist ein zweischneidiges Schwert. Natürlich vermisse ich meine Familie ab dem Moment, in dem ich in mein Auto steige. Ich werde mich da nie dran gewöhnen. Mittlerweile weine ich nicht bei jeder Tour die erste Viertelstunde Rotz und Wasser – was bei den ersten Touren völlig normal war. Als dann der Junge auch noch angefangen hat zu brüllen, weil er nicht wollte, dass ich gehe, wurde es ja nicht unbedingt einfacher.

Um nicht depressiv zu werden, spalte ich den Vater in mir mittlerweile richtig ab, wenn ich unterwegs bin. Ich ändere sogar mein Handyhintergrundbild, damit ich nicht jedes Mal, wenn ich auf das Display tatsche, die Gesichter meiner Kinder sehen muss.

Mein Tourmanager Hinnerk hilft mir sehr dabei. Ich weiß nicht, wie oft ich, als ich noch alleine unterwegs war, heulend in irgendwelchen deprimierenden Hotelzimmern auf dem Bett saß, weil ich einfach nur noch nach Hause wollte. Hinnerk lenkt mich ab, mit ihm kann ich mich immer über irgendetwas unterhalten, wir haben eine Menge Spaß zusammen und ich bin nie alleine.

Das hilft.

Auf der anderen Seite ist es natürlich auch geil, immer wieder weg zu sein und auf Tour zu fahren. Im Gegensatz zu meiner

Frau habe ich immer wieder die Chance, eine Pause zu machen. Pause von unserem Alltag, der Anstrengung, die entsteht, wenn man immer und immer wieder das Gleiche tut.

Vor allem aber gibt mir das die Chance, für ein paar Tage lang nicht verantwortlich zu sein.

Ununterbrochen verantwortlich zu sein, ist absurd anstrengend, auch, wenn man es irgendwann nicht mehr bewusst wahrnimmt. Und damit meine ich nicht einmal die praktischen Dinge. Natürlich bin ich auch dafür verantwortlich, dass die Kinder gesund sind und leben. Das heißt, dass man immer im Hintergrund bleibt und darauf achtet, dass sie sich so wenig wie möglich verletzen und wenn doch, dann nicht allzu schwer. Was mit ein bisschen pusten und einem Pflaster bewältigt werden kann, ist Kollateralschaden. Ich finde es gut, meinen Kindern möglichst oft die Chance zu geben, Dinge alleine herauszufinden und zu erleben. Alle drei arbeiten mit Hammer und Nagel, klettern auf hohe Bäume (das Baby nicht – es übt noch an dem Holzstapel, was ehrlich gesagt noch viel gefährlicher ist), können sich unbeobachtet im Garten hin- und herbewegen. Das bedeutet aber, dass ich die Umgebung und jeden möglichen Gefahrenherd im Blick behalten muss.

Das läuft mittlerweile natürlich unterbewusst ab – mir fällt gar nicht mehr auf, dass ich meine Umgebung genauer scanne als der Secret Service eine Eingangshalle, wenn sie den Präsidenten in der Öffentlichkeit begleiten.

»Ist das Gartentor zu? Hat der Junge genug Konzentration, um gerade Holz zu hacken? Sind Sägen und Hacken an ihrem Platz? War das die Leiter, die da gerade geklappert hat? Ist die

Regentonne verschlossen? Klettert das Baby alleine die Treppe hoch? Sind die Kinder alleine am Ofen? Toben sie unkontrolliert auf dem Hochbett? Liegen die Scheren noch rum?« Das ist nur ein Bruchteil der Liste, die mein Hirn immer wieder nacheinander abhakt, während ich darauf achte, dass niemand Hunger hat, deswegen irrational ausrastet oder einen kleinen Nervenzusammenbruch bekommt, ich ständig die Windel des Babys kontrolliere, weil es seit Tagen nicht geschissen hat und sich innerhalb von Sekunden an seiner eigenen Scheiße wund scheuert, wenn ich sie nicht sofort entferne.

Das erzählt dir auch niemand, wenn du dein erstes Kind erwartest. Wie viel du mit Scheiße zu tun haben wirst.

Und wie gesagt: Es ist nicht einmal die Verantwortung, die wirklich anstrengend ist, weil sie einem nach ein paar Jahren und drei Kindern einfach in Mark und Bein übergegangen ist und wie ein Programm im Hintergrund läuft. Die viel größere Verantwortung ist die, darauf achten zu müssen, dass es den Kindern gut geht und sie glücklich sind.

Bei dem Baby ist das noch relativ einfach. In seinem Kopf passiert einfach noch nichts Außergewöhnliches. Da wird noch so viel Elementares vernetzt, dass es mit einfachen Arbeitsaufgaben zufriedengestellt werden kann. Wenn es dann hier und da noch am Waschbecken stehen und sich beim »Abwaschen« komplett mit Wasser übergießen darf, ist es glücklich. Ein bisschen kuscheln, lustige Spiele spielen, Zeit mit den großen Geschwistern verbringen: megageil!

Die anderen beiden sind da schon komplizierter. Je älter die Kinder werden, desto aufwendiger wird ihre Psyche. Und dann macht es einen elementaren Unterschied, ob sie sich mitteilen oder nicht. So wie bei Erwachsenen gibt es ja auch da krasse Unterschiede.

Das Mädchen zum Beispiel merkt, dass es ein negatives Gefühl hat, und dann lässt sie es raus und fertig. Und wenn sie nicht genau versteht, woher dieses Gefühl kommt, dann denkt sie darüber nach, und früher oder später stellt sie eine Frage zu einem bestimmten Thema und man merkt: »Ach krass, darüber hast du die ganze Zeit nachgedacht!«

Der Junge ist da ganz anders. Ehrlich gesagt ist er ziemlich genauso wie ich. Wie konnte das nur passieren? Fucking Überraschung. In den allermeisten Fällen, wenn er wütend oder traurig ist, habe ich nicht die geringste Ahnung, warum. Und wenn ich ihn frage, antwortet er nicht. Das ist sein gutes Recht. Alles, was ich tun kann, ist, über meine eigenen Gefühle zu reden (was ich immer noch zu wenig tue), um ihm vorzuleben, dass man das machen kann und ihm Wege zu zeigen, wie man schlechte Gefühle bearbeiten könnte (was ich gerade selbst erst lerne).

Das klingt jetzt so, als würde ich sagen wollen, dass er es schwerer hat mit seinen Gefühlen als seine Schwester – und dieses Gefühl möchte ich ihm um alles in der Welt nicht vermitteln. Weil mir selbst genau dieses Gefühl vermittelt wurde. »Der Moritz hat es etwas schwerer. Der kann nicht so gut mit seinen Gefühlen umgehen. Der braucht da Hilfe. Den muss man unterstützen. Der schafft es nicht alleine. Der macht uns Sorgen.«

Halt dein Maul.

Mein Sohn soll sein dürfen, wie immer er ist, und es ist meine Aufgabe, meinen eigenen Scheiß, meine Erwartungen und Bilder im Kopf, wie alles auszusehen hat, aus dem Weg zu räumen, damit er nicht darüber stolpert. Meine Verantwortung.

Um das zu können, muss ich konstant an mir selbst arbeiten, meine eigenen Fehler finden und lernen, besser mit ihnen umzugehen. Ich muss mich ständig selbst hinterfragen, mein Handeln und Denken analysieren, lernen, meine Gefühle zu deuten, sie zu äußern und zu verarbeiten. Gott sei Dank mache ich eine Therapie – ohne sie würde mich diese Aufgabe wahrscheinlich wahnsinnig werden lassen.

Aber all das kann ich ein paar Tage lang zurücklassen, wenn ich auf Tour gehe. Wie geil ist das denn.

Wenn es diese Pausen aber dann auf einmal nicht mehr gibt und ich realisiere, dass ich jetzt für ein paar Monate im Sommer nur noch zu Hause sein werde, falle ich erst einmal in ein kleines Loch.

Parallel dazu endet ein ganzer Gedankenstrang, den ich seit Monaten mit mir herumtrage. Arbeit.

Selbstständig und damit für alles selbst verantwortlich zu sein, führt bei mir dazu, dass ich meinen Kopf von September bis Mai nie ganz frei bekomme. Da ist immer irgendein Projekt, an das ich denke – sei es ein Auftritt, der anders ist als die anderen, eine Fernsehshow, eine besonders heikle Moderation oder irgendein Event, das mich nervöser macht als die anderen. Die mit Abstand meisten Gedanken fließen jedoch in die sozialen Medien. Facebook, Instagram und all dieser Rotz nehmen mir locker achtzig Prozent meiner mentalen Kapazität.

Ich glaube, man kann sich die Fülle der Gedanken, die ich an diese Plattformen verschwende, schwer vorstellen, wenn man nicht darauf angewiesen ist, von den Menschen dort wahrgenommen zu werden.

In meinem Job ist es so, dass ich maximal einmal im Jahr in eine bestimmte Stadt fahre. Bis zum nächsten Besuch dieser Stadt muss ich die Fans dort also gefühlt ein bis zwei Jahre bei der Stange halten, damit sie bei meinem nächsten Besuch wieder, oder vielmehr immer noch Lust haben, sich meine neue Show anzugucken, beziehungsweise sie so sehr an meine Social-Media-Seiten binden, dass sie den neuen Termin überhaupt mitbekommen.

Ich buhle also im Internet neben Tausenden von anderen Künstler*innen um die Aufmerksamkeit eines Publikums, das ich weder sehen, noch hören kann, und denke ununterbrochen darüber nach, wie ich möglichst viele Menschen dazu bringen kann, mich wahrzunehmen und an mich zu denken.

Das Gedankenkarussell, das dadurch entsteht, macht mich auf Dauer krank. Weil es nie aufhört. Egal, was passiert.

Eine kleine Kostprobe?

Ich veröffentliche ein Video. Ich kontrolliere den ersten Tag über, wie oft es angeguckt wird, was die Menschen dazu schreiben und beantworte möglichst viele Kommentare und Nachrichten. Das Video wird nicht besonders oft geguckt.

Warum wird es nicht oft geguckt? Heißt das, dass die Leute das nicht witzig fanden? Wie hätte ich das witziger machen können? Oh Gott, jetzt brauche ich aber bald mal wieder ein Video, das besser funktioniert. Worüber könnte man denn ein Video machen?

Jeder Tag, der vergeht, ohne dass ich eine wirklich gute Idee für ein Video habe, besteht darin, dass ich darüber nachdenke, was man für ein gutes Video machen könnte.

Wie viele Leute entfolgen meiner Seite? Drei schon. Alleine heute schon drei. Ich bin auf dem absteigenden Ast. Wenn das so weitergeht, habe ich bald gar keinen Follower mehr. Dass ich Zehntausende Follower habe und drei weniger nicht den geringsten Unterschied machen, spielt keine Rolle für mein Hirn. Drei Follower weniger sind ein Rückschritt. Vielleicht der erste Rückschritt von vielen Rückschritten. Ich brauche eine gute Idee für ein Video. Vielleicht mal wieder etwas Moralisches. Das geht immer gut. Etwas, worüber ich mich sowieso privat aufrege, am besten über etwas, was sehr viele andere Menschen auch aufregt. Das ist perfekt. Dann können die dieses Video auf ihrer eigenen Seite verlinken, was wieder dafür sorgt, dass mehr Menschen das Video sehen und dadurch auf mich aufmerksam werden.

Ich mache ein neues Video. Ich kontrolliere den ersten Tag über, wie oft es geguckt wird, was die Menschen dazu schreiben und beantworte möglichst viele Kommentare und Nachrichten. Das Video wird oft geguckt. Es sind eine Menge Kommentare und Nachrichten. Ungefähr dreihundert. Ich lese und beantworte sie alle. Die Leute mögen das Video. Aber zwei der Nachrichten sind negativ. Den beiden gefällt die Aussage in dem Video nicht.

Den Rest des Tages denke ich darüber nach, ob die beiden vielleicht recht haben. Dass zweihundertachtundneunzig Kommentare positiv waren und zwei negative eigentlich völlig normal und egal sind und nicht den geringsten Unterschied machen, ist in meinem Kopf völlig egal.

Um realistische Betrachtungen geht es hier schon lange nicht mehr. Ich schreibe ihnen beiden zurück. Mit einem der beiden entbrennt eine Diskussion über das Thema, die sich über zwei Tage hinzieht. Ich denke den halben Tag darüber nach. Er schreibt, dass er es früher besser fand, als meine Videos noch nicht so moralisch waren und einfach nur lustig.

Muss ich in dem nächsten Video etwas anders machen? War das jetzt insgesamt zu ernst? Geht es den Leuten auf den Sack, wenn ich so moralisch bin?

Ich beschließe, ein lustiges Video zu machen. Was könnte lustig sein? Lustig, aber nicht so lustig, dass es gut genug ist für das Bühnenprogramm, dann kann ich es nicht mehr im Internet machen. Ich mache drei neue Videos. Ich kontrolliere die ersten Tage über, wie oft sie geguckt werden, was die Menschen dazu schreiben und beantworte möglichst viele Kommentare und Nachrichten. Die ersten beiden finden keine besonders große Aufmerksamkeit. Das letzte Video richtet sich gegen die Alternative für Deutschland. Innerhalb weniger Stunden wird die Kommentarspalte unter dem Video von Rechten geflutet. Diskussionen entstehen und es werden Meinungen von sich gegeben, von denen ich nicht möchte, dass sie unter meinem Video präsent sind.

Ich lese stundenlang Kommentare, versuche, hier und da zu diskutieren, wenn ich den Eindruck habe, dass das Gegenüber für Argumente offen sein könnte, lösche Dutzende Kommentare, weil sie rassistisch sind oder sexistisch oder islamophob oder faschistoid oder schlicht und ergreifend viel zu beleidigend. Einige Leute schicken mir Nachrichten, in denen sie mir und meiner Familie Gewalt androhen. Ich ignoriere das wie immer, weil alles andere nichts bringt. Morgens um eins lasse ich erschöpft das Handy sinken.

Ich beschließe, im nächsten Video ein etwas weniger polarisierendes Thema zu behandeln, einfach, um den Arbeitsaufwand zu reduzieren. Irgendetwas Lustiges. Was könnte lustig sein? Lustig, aber nicht so lustig, dass es gut genug ist für das Bühnenprogramm, dann kann ich es nicht mehr im Internet machen. Ich brauche dringend ein neues Video. Jeder Tag, der vergeht, ohne, dass ich eine wirklich gute Idee für ein Video habe, besteht daraus, dass ich darüber nachdenke, was man für ein gutes Video machen könnte.

Und. So. Weiter.

Dieser Ablauf ist der gängige Ablauf eines einzigen Monats gewesen. Zeitweise wurde ich dafür bezahlt, jede Woche ein Video zu veröffentlichen, was gut war für unser Konto – auf der anderen Seite aber bedeutete, dass ich jedes Video vorher mit einem Redakteur durchsprechen musste und gezwungen war, an festen Tagen ein Video zu veröffentlichen, ganz egal, ob ich eine gute Idee hatte oder nicht. Und dieses Karussell stoppt nicht.

Die einzigen freien Zeiten waren die Sommerurlaube, in denen ich keine Videos machen wollte. Was meistens bedeutete, dass ich für diese vier bis sechs Wochen Videos vorproduziert habe. Man nehme also den eben beschriebenen Monatsplan und verdopple ihn.

So ging das jahrelang. Bis ich Stück für Stück damit aufgehört habe. Ich habe meinen Vertrag gekündigt, konnte also selbst bestimmen, wann und wo ich Videos hochlade. Und dadurch wird das alles ja entspannter, oder?

Falsch. Der innere eigene Druck hört ja dadurch nicht einfach auf.

Ich glaube, dass das jeder Mensch kennt, der selbstständig oder freiberuflich arbeitet. Es ist schön, wenn man keine Chef*in hat, die einem sagt, was man wann zu tun hat. Wenn man nicht nach einer Stechuhr arbeitet, kann man sich die Arbeitszeit selbst einteilen. Das klingt doch toll!

Nur, dass man eben nicht aufhört zu arbeiten. Weil man keine Stechuhr hat und selbst entscheiden muss, ob man heute schon genug getan hat, worauf die Antwort meistens lautet: »Nein, du fauler Bastard, du hast definitiv noch nicht genug getan. Das hast du nie. Und weil du kein festes Gehalt hast und das hier alles ab morgen den Bach runtergehen könnte, solltest du jetzt nie aufhören daran zu denken, was du noch alles arbeiten könntest, selbst, wenn du eigentlich gerade mit den Kindern spielst oder frühstückst oder unter der Dusche stehst. Du bist dein eigener Chef und Chefs sind Arschlöcher.«

Man kann also nachvollziehen, wie wichtig jener Punkt im Sommerurlaub ist, an dem ich es endlich schaffe, diese Gedanken zu stoppen. Das Handy wegzulegen und einfach draufzuscheißen. Das dauert immer ein paar Tage, aber dann geht es.

Tag 7

Verhandeln

Dieses Jahr geht es nicht, und das liegt an Corona.

In all den Jahren zuvor gab es einen exakten Zeitpunkt innerhalb der ersten Urlaubstage, an dem mir klar wurde, dass die nächste Auftrittssaison in ein paar Monaten schon wieder beginnt. Und ich von da an wieder rund um die Uhr mit der Arbeit beschäftigt sein werde und jetzt und hier die Chance habe, aus dem Hamsterrad auszusteigen. Für ein paar Wochen nicht mehr daran zu denken, den Urlaub zu genießen und Mitte August wieder langsam mit dem Arbeiten zu beginnen.

Die Shows sind gebucht, die Werbemaschine wird irgendwann wieder automatisch starten, die Leute werden Tickets kaufen – es ist alles geregelt. Und dann ging es.

Dieses Jahr ist gar nichts geregelt. Alles, was ich weiß, ist, dass ich nicht auftreten werde. Ich habe keine Ahnung, was im Herbst passiert, weil wir eine verdammte Pandemie haben, und jeden Tag wache ich mit der Angst auf, dass die Leute mich Stück für Stück vergessen könnten. Ist diese Angst komplett irrational? Auf jeden Fall.

Kann ich irgendetwas dagegen tun?

Nope. Gar nichts.

Mittlerweile bin ich so verzweifelt und dermaßen panisch, dass ich jeden Tag ein Bild hochlade, auf dem ich die Tage meines Urlaubes herunterzähle – in dem tragischen Versuch, den Leuten klar zu machen, dass ich zwar im Urlaub bin, aber danach wieder rund um die Uhr im Internet verfügbar sein werde. Wartet auf mich! Bitte, vergesst mich nicht! Hilfe!

Jeden Tag schreiben mir Menschen daraufhin, dass ich mich doch mal entspannen und meinen Urlaub genießen soll, ohne ständig etwas zu posten, und ich möchte ihnen zubrüllen: »Das kann ich nicht! Ich will das doch auch! Es ist wunderschön hier, und ich kann keine einzige verfickte Sekunde davon genießen!«

Es ist tatsächlich wunderschön hier. Der ganze Campingplatz wirkt, als wäre er in den Berg hineingeschlagen worden. Rundherum türmen sich riesige Hänge auf, bewachsen mit Hunderten und Aberhunderten von Olivenbäumen (ich habe jetzt ungefähr sechsmal *Hunderte* mit *Tausende* aus- und wieder zurückgetauscht, weil ich unbeschreiblich schlecht im Schätzen bin. Es waren eine Menge Olivenbäume, so viel steht fest). Der Campingplatz ist winzig und wie gesagt, so gut wie gar nicht besucht.

Von dem circa hundert Meter breiten Steinstrand aus blickt man in das tiefblaue Mittelmeer – das Wasser ist warm genug, damit die Kinder rund um die Uhr baden können. Keines der drei kann schwimmen, aber mit dem richtigen Sicherheitsequipment lässt es sich gut in dem wellenlosen Wasser dümpeln. Ich habe dem Jungen den ganzen letzten Sommer über angeboten, ihm schwimmen beizubringen, weil ich mir sicher war, dass es ihm Spaß machen würde, aber zu Hause an unserem popeligen Badesee hatte er keine wirkliche Verwendung dafür. Keine seiner Freund*innen konnte schwimmen, das Wasser war flach genug, um stundenlang darin herumzutoben, ohne dass es irgendwo gefährlich werden konnte. Untertauchen kann er trotzdem – wofür also üben? Und für alles andere gibt es Schwimmflügel.

Hier aber sieht er einen Jungen, der emsig Muscheln und rot glänzende Steine vom Meeresboden heraufholt. Er guckt ihm einige Minuten gebannt zu, nimmt schließlich seine eigene Taucherbrille und will ins Wasser stürmen.

Ich halte ihn auf.

»Diggi, bist du wahnsinnig? Was hast du vor?«

»Baden gehen.«

»Dann müssen wir erst deine Schwimmflügel anziehen, sonst ertrinkst du.«

»Aber ich will diese Steine da vom Boden holen!«

»Das ist zu tief, da kannst du nicht mehr stehen.«

»Aber der Junge da darf das doch auch.«

»Ja. Der kann aber auch schwimmen. Und du nicht.«

»Ich will aber auch tauchen gehen.«

»Dann musst du schwimmen lernen.«

Einen Tag später kann er schwimmen.

Das ist fast schon etwas deprimierend, wenn man als erwachsener Mensch merkt, wie schnell unsere eigene Auffassungsgabe früher mal war und wie wenig heute noch davon übrig ist.

Würde mir heute jemand sagen, ich muss bis morgen Einrad fahren lernen oder meine Familie stirbt – ich würd's nicht schaffen. Nie im Leben. Mein Sohn lernt an einem Tag schwimmen. Meine Tochter steigt mit drei Jahren zum ersten Mal auf ein Fahrrad und fährt einfach los. Und von da an kann sie Fahrrad fahren.

Ich glaube, damit so etwas aber überhaupt funktioniert, müssen Kinder Dinge eben ausprobieren können, ohne dass ich ihnen konstant das Gefühl vermittele, dass sie das entweder nicht schaffen werden oder es zu gefährlich sei.

Ich finde es extrem schwer, den richtigen Mittelweg zu finden, weil ich jedes Mal neu entscheiden muss, ob meine Sorge um die Kinder berechtigt ist oder ob sie übertrieben und von außen eingeimpft ist.

Meine Aufgabe besteht ganz allgemein darin, meinen Kindern ein Umfeld zu schaffen, in dem sie möglichst gewaltfrei, ungezwungen und frei aufwachsen und sich entwickeln können. Dass ich sie auch heute Morgen ungewollt und ohne wirklichen Grund anbrülle, hilft dabei nicht besonders.

Also versuche ich, nicht mehr zu brüllen und warte einfach, bis meine Frau aufwacht. Ich könnte jetzt natürlich extra laut sein, *damit* sie aufwacht – aber das würde nur dazu führen, dass ich mich noch mieser fühle, und es würde unser Arrangement verletzen.

Meine Frau macht die Nächte – ich stehe morgens mit den Kindern auf. Diesen Modus haben wir seit der Geburt des Jungen bis heute konsequent durchgehalten. Sie macht die Nächte, und ich stehe mit dem ersten Kind auf. Heute ist das okay. Ich meine, okay war das schon immer, wenn man auf Gleichberechtigung steht, aber heute komme ich auch damit klar.

Alte Scheiße, war das am Anfang anstrengend für mich, so früh aufzustehen. Ich war schon immer ein Nachtmensch. Dass die Welt besser wird, sobald alle anderen schlafen gegangen sind, habe ich das erste Mal mit zwölf oder dreizehn gemerkt.

Meine Eltern hatten sich getrennt, als ich zehn war, und bis dahin gab es einen gemeinsamen Haushalt mit strikten Grundregeln. Eine davon lautete: Fernsehen ist auf den Sonntagnachmittag begrenzt und dient vor allem dazu, dass die Erwachsenen wenigstens für eine Stunde auch so etwas wie ein freies Wochenende haben. Habe ich damals nicht gecheckt – sehe ich heute absolut ein.

Nach der Trennung wurden die Regeln geändert. Zumindest bei meinem Vater. Es ist mittlerweile schon zu einem Klischee geworden, dass Kinder nach einer Trennung bei den Vätern zu Hause auf einmal einen ziemlich anderen Wertekomplex vorfinden – was wahrscheinlich daran liegt, dass in all den Haushalten, in denen die Väter morgens das Haus verlassen, sämtliche Verhaltensregeln vor allem von den Müttern festgesetzt werden. (Zumindest bei heterosexuellen Paaren. Bei einigen anderen mögen die Geschlechter dabei keine Rolle spielen, aber im gemeinsamen Haushalt meiner Eltern ging es rollentechnisch nicht anders zu als bei meinen Urgroßeltern. Der Unterschied war vor allem der, dass mein Vater nach der Arbeit noch im Haushalt mitgeholfen hat und nicht mehrere Jahre in einem Gulag saß, weil er bei dem Versuch, Moskau zu besetzen, in Kriegsgefangenschaft geraten war.)

Wenn sich Eltern aber trennen, steht Papa da auf einmal mit einem komplett eigenen Haushalt und braucht dann eigene Verhaltensregeln. Und dann merken viele Väter: »Weißt du was – mir ist das, ehrlich gesagt, ziemlich scheißegal, ob die jetzt Fernsehen gucken oder nicht. Immerhin halten sie die Fresse dabei, und ich kann ein paar Stunden alleine traurig darüber sein, dass meine Frau mich verlassen hat und muss mir selber nicht alle zwei Minuten eingestehen, dass ich komplett überfordert damit bin, mich auf einmal rund um die Uhr alleine um diese Kinder kümmern zu müssen, die, wie ich jetzt merke, seit ich sie andauernd sehe, megaanstrengende Leute und ziemlich beschissene Mitbewohner*innen sind.«

Abgesehen davon leiden Väter wahrscheinlich ziemlich oft unter dem bedrückenden Gefühl, ihren Kindern irgendetwas bieten zu müssen, damit die die nächsten Jahre weiterhin Bock haben, jedes zweite Wochenende zu Besuch zu kommen.

Das ist doch sowieso schon scheiße, wenn du deine Kinder von heute auf morgen nur noch vier oder sechs Tage im Monat siehst. Und dann kommen die von da, wo du nicht mehr wohnst, und fühlen sich fremd in deiner neuen Wohnung, weil es ganz eindeutig nicht ihre eigentliche Wohnung ist, in der sie normalerweise leben.

Und wenn man weiß, dass Kinder Filme gucken obergeil finden und das im besten Fall bei der Mutter auch noch verboten ist: Jackpot!

Kann ich absolut nachvollziehen.

Ich persönlich würde es nicht machen, weil Fernsehen der verdammte Feind aller Fantasie ist und Kinder automatisch im Kopf kirre machen muss, aber das sage ich wahrscheinlich auch nur, weil ich die nicht den ganzen Tag alleine um mich herum habe.

Bei meinem Vater gab es also auf einmal die Möglichkeit, eine eigene Spielkonsole im Zimmer zu haben. Trennungskind, yeah! Einen Super Nintendo. Wenn man sich die Grafik aus heutiger Sicht anguckt, ist es, ehrlich gesagt, ein Wunder, dass meine kindlichen Augen irgendetwas daraus entziffern konnten, was auch nur im Entferntesten nach einem italienischen Klempner aussah, aber damals war das der absolute Shit.

Und zu so einer Konsole gehört natürlich auch ein Fernseher – wenn es auch der kleinste Fernseher war, den ich mir bis heute vorstellen kann. Um auf dem Ding irgendetwas erkennen zu können, musste man schon so nah davor sitzen, dass der Bildschirm ununterbrochen statische Entladungen in deine Nase geballert hat.

Ich habe keine Ahnung mehr, wie ich meinen Vater davon überzeugen konnte, mir eine tragbare Empfangsantenne zu besorgen, aber ich bekam eine. Und von da an konnte ich zwei Sender empfangen: Sat1 und RTL. Beides permanent hinter einem weißen Rauschen verborgen und nur schemenhaft zu erkennen. Wollte man ein einigermaßen erträgliches Bild haben, war man dazu gezwungen, beide Antennen mit den Händen zu berühren.

Also stand ich nun oft stundenlang vor dem Fernseher, beide Arme in die Höhe gestreckt, die Nase an den Bildschirm meines Minifernsehers gedrückt und habe »heimlich« ferngesehen.

Ich setze das Wort heimlich in Anführungszeichen, weil ich mir heute ziemlich sicher bin, dass mein Vater ganz genau wusste, was ich da oben treibe. War ja nicht blöd, der Mann.

Wann ich entdeckte, dass ich ein Nachtmensch bin? Silvester. Ich war, wie gesagt, zwölf oder dreizehn. Wir hatten uns das Feuerwerk angesehen und ein bisschen auf der Straße geknallert, und dann ging es um ein Uhr ab ins Bett. Aus irgendeinem Grund kam ich auf die Idee, noch einmal den Fernseher anzumachen. Und wie durch ein verdammtes Wunder hatte ich perfektes Bild. Einfach so. Ich habe bis heute nicht die geringste Ahnung, woran das lag, aber in dieser einen bezaubernden Nacht konnte ich in meinem Bett liegen und OTTO gucken. Und dann einen zweiten OTTO-Film! Und dann irgendetwas anderes! UND DANN NOCH WAS!

Und dann wurde es hell und mein Vater stand auf, um das Frühstück zu machen.

Das war die Nacht, in der ich mich in die Welt ohne Menschen verliebte. Das macht bis heute den Reiz der Nacht für mich aus. Kein Partyleben. Keine Abenteuer in der Dunkelheit. Nur das Bewusstsein, dass alle um mich herum schlafen, und ich deswegen nichts Wichtiges erledigen kann. Keine Verpflichtungen. Niemanden, der irgendetwas von mir wollen könnte. Es bleibt nichts, außer sich die Zeit zu vertreiben. Weil die Welt zu hat ab Mitternacht. Für ein paar Stunden geschlossen. Außer Betrieb.

Ehrlich gesagt, gewöhnt man sich als Vater mit der Zeit aber daran, nicht nur früh aufzustehen, sondern insgesamt viel weniger zu schlafen. Wenn mir mit Anfang zwanzig jemand gesagt hätte: Bald gehst du immer vor zwölf ins Bett, aber schläfst meistens trotzdem nur sechs Stunden, hätte ich ihm oder ihr ins Gesicht gelacht. Heute lache ich auch vielen Menschen ins Gesicht. Aber eher hysterisch.

Wegen der Übermüdung.

Der Junge ist die ersten Monate aus mir bis heute unerklärlichen Gründen jeden Morgen um spätestens viertel nach fünf wach geworden. Gott, war das scheiße. Ich habe wirklich angestrengt versucht, wach zu bleiben, muss aber zugeben, dass ich sehr oft eingeschlafen bin, als ich eigentlich auf ihn hätte aufpassen sollen. Was ja auch erst zum Problem wurde, als er anfing, sich selbstständig fortzubewegen.

Ich muss wohl auch zugeben, dass ich irgendwann davon geweckt wurde (erneut geweckt wurde, muss man wohl sagen), weil der Junge aus dem Bett gerobbt und mit dem Kopf auf dem Echtholzboden aufgeschlagen ist. Das kann jedem mal passieren! Mir ist es zweimal passiert. Von da an haben wir uns direkt auf Bodenhöhe begeben, sobald er wach war.

So quälend dieses frühe Aufstehen war, habe ich trotzdem wunderschöne Erinnerungen daran. An den meisten Morgen wollte er sofort zurück zu meiner Frau und fing an zu brüllen, also habe ich ihn in das Tragetuch gestopft und bin einfach mit ihm losgezogen.

Sobald wir an der frischen Luft waren, gab der Junge Ruhe, nach einer halben Stunde schlief er wieder, und ich bin jeden Tag zwei Stunden im Sonnenaufgang spazieren gegangen. Im Sonnenaufgang spazieren gehen, ohne strunzbesoffen zu sein, ist eine fantastische Sache. Das waren die ersten Momente, in denen ich mir wirklich erwachsen vorgekommen bin, glaube ich.

Hier in Kroatien ist die Sonne lange da, bevor die Kinder wach werden. Der größte Vorteil am Campen ist der, dass man immer sofort draußen ist. Also zwangsweise. Man beginnt somit jeden Tag an der frischen Luft. Und es bedeutet, dass jede eventuelle, schon lange festgefahrene Morgenroutine unterbrochen wird. Niemand streitet sich darum, wer mit der

Decke direkt vor dem Ofen liegen darf. Niemand ist enttäuscht oder wütend, weil irgendjemand mit genau den Sachen spielt, mit denen man gerade jetzt unbedingt auch spielen wollte, niemand baut gigantische und unüberwindbare Hindernisparcours quer durch die Küche, über die ich nicht rüberkomme, sodass das Frühstück nicht gemacht werden kann.

Es ist alles ein bisschen entspannter draußen.

Alles außer Moritz. Moritz ist nicht so entspannt. Moritz ist schon erschöpft aufgewacht. Was nicht so sein sollte! Nicht im Urlaub. Im Urlaub fühlt man sich doch vital und ausgeruht und topfit. Fit wie ein beschissener Turnschuh.

Moritz nicht. Moritz fühlt sich wie ein fünfzehn Jahre alter Birkenstock, der vor acht Monaten in der hintersten Ecke des Gartens vergessen wurde und jetzt zerfranst und aufgedunsen vor sich hin schimmelt.

Meine Frau merkt das natürlich auch, sobald sie wach ist. Also schlägt sie vor, heute einen Ausflug zu machen. Das ist ja irgendwie immer eine passable Idee. Ich sage nicht, dass es eine *gute* Idee ist, aber es ist immerhin eine Idee, und vielleicht hilft das ja tatsächlich.

Wir prügeln den Bus den Berg hinauf, fahren nur fast zwei Schafe tot und folgen dann der zweispurigen Straße bis nach Cres. Die Stadt ist (natürlich) komplett auf den Tourismus ausgelegt. Dass es den im Moment nicht wirklich gibt, macht den Besuch sehr viel erträglicher.

Es ist nicht so, dass es hier total ausgestorben ist, aber man merkt eindeutig, dass nur ein kleiner Bruchteil des sonstigen Gedränges herrscht. Wo es in anderen Sommern wahrscheinlich proppenvoll ist, schlendern wir beinahe alleine durch die wunderschönen, alten, südeuropäischen Gassen, bei denen fast der Verdacht aufkommt, dass sie exakt so restauriert worden sind, dass sie wie wunderschöne, alte, südeuropäische Gassen aussehen. T-Shirt-Verkäufer*innen sitzen gelangweilt vor ihren Buden, Imker*innen versuchen, ihren komplett überteuerten Honig loszuwerden, aber weil der Rest der Vorübergehenden tatsächliche Bewohner*innen der Insel sind, wissen alle, dass er komplett überteuert ist.

Die Besitzer*innen der Ramschläden merken jetzt auch, dass es wahrscheinlich keine phänomenal gute Idee war, siebentausend billig produzierte Taucherbrillen, Schwimmflossen, Luftmatratzen und Gummitiere zu ordern, und die Ausflugsboote rammen rhythmisch die uralte Kaimauer, ohne den Hafen in dieser Woche schon einmal verlassen zu haben. Blendet man all diesen Tourikrams für einen Moment aus, hat man das Gefühl, in einer kleinen Fischerstadt zu sein, die in der Mittagssonne dahindümpelt, bevor am Abend die Mannschaften mit ihrem Fang eintrudeln, was zu reger Beschäftigung und lautem Geschnatter rund um das Hafenbecken führen wird.

Der Tapetenwechsel hilft mir ein wenig, die Kinder essen Eis, und ich kaufe mir ein Lederarmband, von dem ich weiß, dass ich es verloren haben werde, bevor wir in Deutschland zurück sind. Aber das mache ich immer, das hat Tradition. Im Urlaub kaufe ich mir immer ein überflüssiges Armband und deswegen mache ich das jetzt auch. Mittlerweile greife ich nach jedem Strohhalm, der mir dabei helfen könnte, ein Urlaubsgefühl aufkommen zu lassen.

Als es Zeit wird fürs Mittagessen, gibt es mehrere Optionen. Entweder, wir setzen uns mit den drei Kindern in eines der komplett leeren Restaurants. Das würde aber automatisch bedeuten, dass man nonstop darauf achten muss, dass die beiden Großen nicht das gesamte Mobiliar zerstören – keine Ahnung warum, aber sobald die einen Restauranttisch sehen, müssen sie darunter kriechen, als wären sie ein wandelndes Klischee aus Hollywood-Hochzeitsfilmen. Dann zieht früher oder später irgendeiner der zwei an der Tischdecke, weil die Idee aufkommt, man könnte doch eine Höhle bauen, wodurch man das komplette Arrangement von der Resopaltischplatte reißt, und ich versuche mich auf Kroatisch oder Englisch oder Französisch oder Portugiesisch oder Italienisch – kommt ganz drauf an, wo wir uns gerade befinden, ist ja nicht so, als wäre das in nur einem Urlaub passiert – bei den Kellner*innen für die Extraarbeit und den entstandenen Schaden zu entschuldigen. *Been there! Many times!*

Es gibt am Hafen aber auch einen Fast-Food-Laden, der eine wilde Mischung aus Burgern, croqueähnlichen Gebilden, Sandwiches und Fingerfood anbietet. Ich bin niemand, der gerne Fast Food isst, wenn es noch andere Optionen gibt, aber irgendetwas an diesem Laden zieht mich an. Es ist nicht die Optik – die ist genauso grässlich, wie man sie sich bei so einem Laden vorstellt – und erst recht nicht die haptische Speisekarte. Ich werde nie verstehen, wie jemand diese Bilder von frischen, saftigen, leckeren Burgern angucken kann und dann ernsthaft erwartet, dass das Essen auf dem Teller später diesem Bild auch nur entfernt ähnelt.

Aber trotz all der Gründe, die dagegen sprechen, bestellen wir Baguette in dem Fast-Food-Restaurant. Das ist tatsächlich der Name dieses Ladens: Fast-Food-Restaurant. Was, meiner Meinung nach, extrem stilvoll ist. Da wird nichts kaschiert, es gibt kein dämliches Wortspiel oder irgendeine künstliche Überhöhung.

Wir machen Fast Food. Fertig.

Und, alter Schwede, ist das gut. Es ist ungelogen das beste Fast Food, das ich außerhalb der Vereinigten Staaten jemals gegessen habe. Fantastisch gewürzt, genau richtig viel und lecker. Wer hätte das gedacht?

»Mach doch mal was an dem Marketing hier!«, will ich der Frau zubrüllen, die den Laden betreibt. Das kann doch nicht ihr Ernst sein?! Da macht die so geiles Essen und um das zu merken, muss man erst einmal jeden Impuls herunterwürgen, der einen verständlicherweise davon abhält, in dieser billigen Kaschemme zu essen, während um einen herum die guten Restaurants in Reihe stehen. Das ist doch so, als würde ich ein Auto erfinden, das angetrieben wird durch gute Laune! Und es dann aber in Form eines Schweins bauen und auch niemandem sagen, dass es nicht mit Benzin fährt. Da steigt doch keiner freiwillig ein!

Wir schlendern noch ein bisschen durch die Stadt, gucken uns einen alten Turm an, weil meine Frau das will.

Das sind Sehenswürdigkeiten für mich: Alte Dinger, die meine Frau angucken will. Wahrscheinlich hat auch das etwas mit dem Kontext zu tun, in dem man aufwächst. Die Eltern meiner Frau haben ein geradezu überbordendes Interesse an Kunst und Kultur. Seien es Museen, Theater, die Oper, Ausstellungen jeglicher Art – das wird im Urlaub durchgezogen! Städtetrips und dann schön ein paar uralte Bilder angucken.

Es ist nicht so, als hätte meine Mutter nicht auch dieses Interesse, und heutzutage lebt sie es auch aus, aber sie ist natürlich nicht auf die Idee gekommen, uns Kinder da mit hinzuschleppen. Die Vorstellung, mit einer Horde Chaoten, die nicht die geringste Selbstkontrolle besitzen und so ziemlich alles anlecken, was nach einem besonderen Geschmack aussieht, in ein Museum zu schlendern, erfüllt mich jetzt auch nicht gerade mit Vorfreude.

Ich finde es toll, dass meine Frau das trotzdem macht. Dass sie es tatsächlich schafft, unsere Kinder von einem Museum oder einer anderen Sehenswürdigkeit zu begeistern. Bei mir persönlich ist der Zug dafür abgefahren. Natürlich können wir ein wenig über die Entwicklung der Stadt Cres lesen, alte Gemäuer begutachten, erfahren, wie sich die Stadt unter dem Einfluss der sich wandelnden Welt mit den Jahrhunderten verändert hat. Oder wir essen noch ein Eis. Das ist doch auch eine gute Idee! Ich bin dafür.

Ich will damit nicht behaupten, dass ich absolut kein Interesse an den meisten kulturellen Aspekten habe.

Aber schon.

Wenn ich Bilder sehe, die bei anderen Menschen Gemälde oder Kunstwerke heißen, dann kann ich dir sagen, ob ich das schön finde oder nicht. Und meistens finde ich das nicht. Natürlich verstehe ich, dass es da unglaublich viel zu entdecken gibt und man das dann interpretieren und deuten kann, und auch gerade der zeitliche Kontext, in dem dieses Werk erschaffen wurde, ja ganz viel Einfluss mit sich bringt und den Künstler in seiner neoklassizistischen Epoche stark geprägt haben muss – aber ich gucke mir das an und dann finde ich das manchmal schön und meistens nicht und dann gehe ich gelangweilt durch den Rest des Museums und dann ist es aber auch mal Zeit fürs Essen. Und Bock auf einen Kaffee hab ich auch.

Ich klinge wie ein Kunstbanause, und genau das bin ich auch. Aber aus Liebe zu meiner Frau gehe ich überall mit hin und werde, sobald die Kinder größer sind, noch viel viel viel öfter irgendwo mit ihr hingehen und dann nicht so tun, als wäre das alles hier megaspannend, aber auch nicht nonstop raushängen lassen, dass es das für mich nicht ist.

So lautet zumindest mein Plan.

Der alte Turm ist also einfach ein alter Turm, aber die Kinder finden es toll, wie weit man von da oben aus gucken kann, und danach gibt es tatsächlich noch ein Eis und alle sind happy.

Guter Ausflug, gute Idee.

Tag 10

Meine Nerven

Die Kinder essen nicht. Das tun sie zu Hause auch nicht, warum sollte es hier anders sein. An sich wäre es mir völlig egal, ob sie essen oder nicht – die werden schon nicht verhungern. Und sie sollen ja auch möglichst selbstbestimmt darüber entscheiden können, wann sie etwas zu sich nehmen und was.

Wenn sie aber nicht essen, bedeutet das, dass sie früher oder später Hunger haben. Was sie natürlich nicht als Hunger identifizieren werden. Alles, was die merken, ist: Ach Mensch, jetzt fühle ich mich aber furchtbar, ich glaube, ich raste aus. Und dann tun sie das. Entweder brechen sie weinend zusammen, ohne dass es den geringsten Anlass dafür gibt, oder sie werden aus dem Nichts heraus wütender als Hitler im Führerbunker. Also einen Anlass gibt es natürlich schon immer – meine Puppe ist mir runtergefallen, der Wind pustet zu doll, ich will genau jetzt, dass Oma da ist, ich kann noch keinen Handstand, warum wird unser Bus nicht von richtigen Pferden gezogen, ich will zaubern können – aber er ist nie verhältnismäßig, und der einzige Grund für diesen Zusammenbruch ist der, dass dieses Kind verfickt nochmal Hunger hat!

Und dann essen sie nicht. Oder mögen das Essen nicht. Oder wollen etwas anderes. Für diese Fälle gibt es tatsächlich Rezepte, die meistens doch noch funktionieren.

Nudeln ohne Soße

Zutaten

½ l Wasser

Nudeln

Salz

Zubereitung

Kochen Sie nicht allzu viele Nudeln in gesalzenem Wasser. Aber wirklich nicht zu viele. Wahrscheinlich essen die Kinder sie sowieso nicht.

Bewahren Sie die Nudeln dann in einer alten Tupperdose im Kühlschrank auf und vergessen Sie sie. Schmeißen Sie die Nudeln nach zwei Wochen weg, sobald Sie sie ganz hinten im Kühlschrank neben den eingelegten Oliven und dem fast leeren Glas Marmelade wiederfinden.

Brot mit Butter und Salz

Zutaten

Brot

Butter

Salz

Zubereitung

Bestreichen Sie eine oder nach Möglichkeit mehrere Scheiben Brot mit Butter. Streuen Sie Salz darüber. Tun Sie um Gottes Willen keinen Käse drauf. Oder Wurst. Oder irgendetwas, das nach irgendetwas schmecken könnte.

Gurke

Zutaten

Gurke

Zubereitung

Schneiden Sie die Gurke in Scheiben. Gurke macht zwar absolut niemanden satt, aber es ist ein Anfang, und vielleicht merkt das dämliche Balg dann ja, dass es Hunger hat, und Sie können eines der anderen Rezepte unbemerkt hinterherschieben.

Seit heute Morgen haben wir Nachbar*innen. Um genau zu sein, ist es ein altes Ehepaar aus Wuppertal, das mit seinem gigantischen Wohnmobil durch Europa tuckert.

Ich könnte jetzt mehrere Seiten lang über diese hässlichen Ungetüme herziehen (also die Wohnmobile, nicht diese beiden Alten aus Wuppertal), von der Umweltverschmutzung sprechen, der Einrichtung, die immer stillos aussieht, und dem Punkt, dass man kein richtiges Camping betreibt, wenn man seine Zeit in einem fahrbaren Haus verbringt. Aber wahrscheinlich liegt die Entscheidung für ein Wohnmobil am Alter und spätestens, wenn dir der Rücken jeden Morgen wehtut, ganz egal wo oder wie du geschlafen hast, und du trotzdem möglichst mobil reisen willst, kaufst du dir eben so ein Ding, schluckst die Stillosigkeit herunter und hast 'ne geile Zeit.

Kann ich nicht verurteilen.

Was ich verurteilen kann, sind Menschen, die sich einen Platz direkt neben einer Familie mit drei kleinen Kindern aussuchen und sich dann wutschnaubend darüber aufregen, wenn es laut ist.

»Entschuldigung, aber könnten Sie vielleicht etwas Rücksicht auf andere Menschen nehmen und Ihre Kinder ermahnen, morgens etwas leiser zu spielen?«

»Nein, kann ich nicht. Bist du völlig bescheuert? Abgesehen davon, dass es völlig unmöglich ist, diese kleinen Menschen ruhig zu stellen, außer mit einem Lappen voll Chloroform, ist es nicht meine Aufgabe, meine eigenen Kinder darauf zu trimmen, *dir* die Welt möglichst angenehm zu machen.«

Ich hasse es, dass Eltern nonstop das Gefühl vermittelt wird, auf alle anderen Menschen Rücksicht nehmen zu müssen. Im

Bus, in der Bahn, in Cafés, im Park, am Strand, in der Innenstadt, an der Supermarktkasse, im Schwimmbad, bei jeglichen Besuchen und in Flugzeugen. Immer soll ich am besten darauf achten, dass meine Kinder sich möglichst so verhalten, als seien sie nicht existent, damit sich irgendwelche anderen Leute nicht von ihrer Anwesenheit gestört fühlen.

Aber weißt du was? Sie sind da. Kann man nichts machen.

Und sie zahlen irgendwann deine Scheißrente, damit du in deinem beschissenen Wohn-LKW deine runzelige Lederhaut durch Südeuropa kutschieren kannst. Abgesehen davon mag es sein, dass meine Kinder lauter sind als irgendwelche abgerichteten Zombies, aber immerhin erziehe ich sie zu freien, offenen und mutigen Menschen, damit wir nicht irgendwann wieder in einer dieser Scheißdiktaturen aufwachen, in die uns *deine* Eltern reingeritten haben, Rosemarie.

Wenn es dich also stört, dass meine Kinder morgens um sieben gut gelaunt sind und spielen, dann nimm dir irgendeinen dieser anderen zwanzig freien Stellplätze auf diesem Campingplatz oder fahr eben weiter. Ist ja auch nicht so, als würde ich sie dazu ermutigen, direkt nach dem Aufstehen aufgedrehter zu sein als ein beschissener Flummi – ich könnte auch gut damit leben, wenn die bis halb zehn schlafen oder sich erst einmal in aller Stille neun Bücher angucken. Ist halt nicht drin!

Habe ich ihr so natürlich nicht gesagt.

Sie sagt: »Entschuldigung, aber könnten Sie vielleicht etwas Rücksicht auf andere Menschen nehmen und Ihre Kinder ermahnen, morgens etwas leiser zu spielen?« Und ich sage: »Nein.«

Auch eine befriedigende Antwort für mich. Und damit ist das Thema irgendwie auch schon vorbei. Es gibt nicht einmal eine Diskussion, ich kann Rosemarie (keine Ahnung, ob sie so heißt – sie sieht wie eine aus) aber den Rest des Tages dabei beobachten, wie sie wütend irgendetwas in sich hineinmurmelt, wann immer sie in unsere Richtung blickt.

Ich liebe diese passiv aggressive Stimmung alter deutscher Frauen. Wenig konfrontativ, aber immer daraufhin abzielend, dem Gegenüber möglichst lange ein schlechtes Gewissen einzuimpfen.

Ich glaube, ihrem Mann ist das alles ziemlich egal. Er steigt morgens gut gelaunt aus dem Wagen, grüßt, baut seinen Campingstuhl auf und liest dreieinhalb Stunden Zeitung, während sie innerlich vor Empörung kocht.

Das Ganze wirkt ein bisschen wie ein schlechtes Klischee aus einer drittklassigen Vorabendserie in der ARD, und ich kann mir den heutigen Dialog bildlich vorstellen.

Rosemarie steht in dem Wohnmobil und wäscht ab. Hartmut sitzt draußen an einem Campingtisch und liest Zeitung.

ROSEMARIE

»Also das hätte es früher nicht gegeben. Wir haben unsere Kinder noch zu Anstand erzogen. Unser Thomas, das war so ein lieber Junge. Der wusste noch, was sich gehört.«

HARTMUT

Schaut nicht von seiner Zeitung auf.
»Ach Mausi, jetzt lass doch.«

ROSEMARIE

»Das habe ich auch zu der Gisela neulich gesagt. Gisela, hab ich gesagt, die Leute bringen ihren Kindern einfach kein Benehmen mehr bei.«

HARTMUT

Ohne von seiner Zeitung aufzuschauen.

»Mh.«

Nickt.

ROSEMARIE

»Das sieht man ja auch andauernd heutzutage. Lungern die da immer auf der Straße rum, die jungen Leute, und hören ihre furchtbar schreckliche Musik da über diese Boxen oder was das da ist. Das gab es früher nicht. Unser Thomas hatte das nicht.«

HARTMUT

Nach wie vor lesend.

»Nee, nee. Das stimmt, Mausi.«

ROSEMARIE

»Keinen Respekt mehr vor dem Alter. Wir hatten das noch, wir wussten noch, was sich gehört. Und der Thomas auch! Jeden Sonntag ist der zu der alten Frau Müller rübergegangen und hat ihr den Rasen gemäht, der Thomas. Weißt du das noch, Hartmut?«

HARTMUT

»Ja, ja. Auf jeden Fall.«

Schüttelt lesend den Kopf.

»Das ist ein Ding, du! Nicht zu fassen, so was!«

ROSEMARIE

»Was denn?«

HARTMUT

»Jetzt wollen die doch tatsächlich wieder eine neue Steuer einführen. Für Umweltverschmutzung! Als wären wir da jetzt alleine dran schuld. In China bauen die ihre riesigen Fabriken, und denen ist das alles völlig egal mit der Umwelt, aber wir sollen da jetzt mit unserem Geld was dafür bezahlen, oder was? Die spinnen doch!«

ROSEMARIE

Mittlerweile beim Abtrocknen.

»Nun lass doch Hartmut, du sollst dich doch nicht immer so aufregen, hat der Arzt gesagt.«

HARTMUT

»Ich rege mich doch gar nicht auf! Ich sage doch nur, dass das doch nicht angehen kann, Rosemarie! Die machen doch, was die wollen!«

Und das geht dann Stunden so weiter. Das ist das Bild, das ich von diesen Leuten habe. Kein besonders nettes, zugegebenermaßen, aber daran kann ich ja jetzt auch nichts ändern. Ich ignoriere sie einfach den Rest der Zeit über, wahrscheinlich fahren die sowieso wieder ab, sobald sie zum ersten Mal die sanitären Einrichtungen hier gesehen haben.

Oder zumindest versuche ich, sie zu ignorieren, was mir nach außen hin gut gelingt. Innerlich warte ich nur darauf, dass sie mich noch einmal anspricht, und bereite einen mehrseitigen Monolog vor, den ich ihr dann halten kann. Aber nein, sie bringt das ganze Thema nicht noch einmal aufs Tableau.

Dafür schlendert sie einen Tag später am Strand an uns vorüber, guckt das Baby an, guckt mich an, beugt sich dann zu dem Baby und sagt: »Das ist bah. Spuck mal den Stein aus. Bah. Bah!«

Sie dreht sich zu mir: »Ihr Kind hat einen Stein im Mund.«

Ich gucke das Baby an, gucke sie an und sage: »Ich weiß.«

Sie verliert beinahe die Fassung: »Das ist sehr gefährlich. Er könnte sich daran verschlucken und sterben.«

Ich antworte ihr sofort: »Na hoffentlich, dann könnte ich wenigstens in Ruhe das Buch hier zu Ende lesen.«

Sie ist derart perplex, dass sie nicht weiß, was sie sagen soll und geht. Ich bin mir ziemlich sicher, dass Hartmut in den nächsten zwei Stunden nicht dazu kommen wird, seine Zeitung zu lesen. Dafür wird das Geschirr unglaublich sauber sein.

Die Antwort kam mir nicht spontan. Ich habe sie schon ungefähr ein Dutzend Mal gegeben, in verschiedenen kleinen Variationen – habe ja nicht immer ein Buch dabei. Ich habe sie aber vor allem schon deswegen ein Dutzend Mal gegeben, weil ich mehr als ein Dutzend Mal die Gelegenheit dazu hatte. Ich weiß nicht einmal mehr, wie oft ich in diese Situation schon geraten bin, mich von Frauen über meine eigenen Kinder belehren lassen zu müssen, und die waren nicht alle alt.

Anscheinend ist es für einige Menschen immer noch merkwürdig, dass es jetzt Väter gibt, die sich tatsächlich um ihre Kinder kümmern. Verstehe ich – ist für viele noch ungewohnt. Was aber nicht bedeutet, dass man nonstop so tun muss, als wäre ich zum ersten Mal in der Nähe meiner eigenen Kinder und bräuchte dringend Hilfe, um die überhaupt am Leben halten zu können.

»Ihr Kind isst Sand, das ist nicht gut.«

»Haben Sie den Jungen auch eingecremt?«

»Mensch, das ist ja sehr hoch mit der Schaukel, da muss man eigentlich gut aufpassen …«

»Nicht, dass der sich da mit dem Stock wehtut.«

»Entschuldigung, aber Sie wissen schon, dass Dinkelkekse besser wären als so ein Laugenbrötchen?«

Ich weiß, dass das nett gemeint ist. Und ich verstehe auch, dass alte Rollenbilder lange brauchen, um sich aus den Köpfen zu schleichen. Vor einigen Jahren war es wahrscheinlich eine Seltenheit, wenn man Männer und Kinder zusammen gesehen hat.

Es sei denn, es ist Sonntag und man befindet sich auf einem Spielplatz.

Wenn man die ganze Woche über auf einem Spielplatz rumhängt, merkt man schnell, wie sehr dort die Gruppenzusammensetzungen von den jeweiligen Wochentagen abhängen.

Montag bis Freitag am Vormittag: Kindermädchen und Mütter. Wir haben das erste Jahr mit dem Jungen in Hamburg gelebt. Am Stadtpark. Unsere Wohnung war schon verhältnismäßig teuer (so teuer, dass mir viele Menschen nicht zugetraut haben, sie überhaupt bezahlen zu können), aber die Miete war ein Witz im Vergleich zu den Hauspreisen in der Nachbarschaft. Viele wurden offensichtlich von Ehepaaren bewohnt, die beide vierzig bis sechzig Stunden die Woche arbeiten mussten, um sich so ein Haus überhaupt leisten zu können.

Und wenn die Kinder zu klein für eine Krippe waren oder es einfach keinen freien Platz in der bilingualen Privatkita gab, wurde eben ein Au-pair oder ein Kindermädchen besorgt. Die trafen sich dann alle auf dem einzigen Spielplatz, der in der Nähe lag, sodass ich umringt war von einer Schar Frauen verschiedenster Nationalitäten, die die blonden weißen Kinder in den Sandkasten setzten und sich dann einen gemütlichen Vormittag zusammen machten.

Ich habe nicht erwartet, von diesen Menschen in ihrer Mitte aufgenommen zu werden, und war auch nicht enttäuscht, als es nicht passierte.

Montag bis Freitag am Nachmittag: Großmütter und Mütter, ab und zu mal ein Opa. Wahrscheinlich reicht das Geld bei vielen nicht für ein Vollzeitkindermädchen, beziehungsweise freuen sich viele Großeltern, die Nachmittage mit den Enkel*innen zu übernehmen und so eine feste Konstante in ihrem Leben zu werden.

Samstag: Keine Kindermädchen mehr, dafür mehr Paare, oder aber Müttergruppen, die sich zu einem Vormittag verabredet haben – oftmals kommen die Männer gegen Mittag oder dem frühen Nachmittag dazu, um zu zelebrieren, dass sie Samstag nur einen halben Tag arbeiten müssen.

Sonntag: Väter. Überall Väter. Scharenweise fallen sie am Sonntagvormittag schwer bepackt auf deutschen Spielplätzen ein. Tütenweise Sandspielzeug, Rucksäcke voller Kinderfunktionskleidung und Massen an geschnittenem Obst im Gepäck.

Und dann gibt es die zwei Unterscheidungen:

Papa Nummer eins, der am Rand stehend auf sein Handy starrt und in einem regelmäßigen Rhythmus – zwanzig Sekunden Handy, eine Sekunde hochgucken und kontrollieren, ob das Kind noch lebt, zwanzig Sekunden Handy – um den Sandkasten herumstromert, als wäre er ein hospitalisierter Eisbär. Er versucht nicht einmal, so zu tun, als hätte er Bock darauf, mit diesem Kind rumzuhängen – warum auch? Jonathan-Leon ist elf Monate alt, der kann nichts, der will nichts Interessantes, und die Börsenkurse kennt er auch nicht. Irgendwann kann er dann bestimmt Fußball spielen, aber bis dahin ist einfach nichts Brauchbares mit ihm anzufangen, also hängen wir zwei Stunden hier zusammen ab, damit sich Mama am Sonntag ein bisschen was gönnen kann – so sehr Feminist bin ich dann schon.

Und Papa Nummer zwei, der zu laut jauchzend das Klettergerüst erstürmt und in dermaßen gespielter Begeisterung die Kinder durch den Sandkasten jagt, dass man annehmen muss, die zu sehende Show ist tatsächlich eine Show, um alle anderen Erwachsenen zu beeindrucken und ihm selbst das Gefühl zu geben, dass er tatsächlich ein fantastischer Vater ist und in keinster Weise ein schlechtes Gewissen zu haben braucht, weil er ungefähr siebzig Stunden die Woche arbeitet und seine Kinder eigentlich gar nicht kennt: »Ich mache das alles für die Familie!«

Ich weiß, wie oberflächlich und verurteilend und scheiße ich klinge, wenn ich das schreibe. Aber das waren meine Gedanken, wenn ich am Sonntag auf dem Spielplatz saß. Tatsächlich habe ich es gehasst, an Sonntagen auf dem Spielplatz zu sein, weil ich nicht wie einer der Väter aussehen wollte, die ihren Kontakt zu den Gören auf einen Vormittag in der Woche beschränken.

»Ich mache das hier übrigens jeden Tag!«, wollte ich am liebsten laut brüllen, um mich so weit wie es geht von diesen Leuten abzugrenzen. Und das ist nicht der einzige merkwürdige Reflex, den ich habe. Immer, wenn ich mit nur einem Kind oder zweien unterwegs bin, habe ich den Drang, Leuten nonverbal mitteilen zu müssen, dass ich eigentlich drei Kinder habe. Keine Ahnung, warum.

Es ist ja nicht so, als wäre ich der Meinung, Eltern von einem oder zwei Kindern seien weniger cool oder hätten weniger das Recht, erschöpft zu sein, als Eltern von drei Kindern. Aber schon. Ehrlich gesagt, denke ich das schon.

Und wenn das jetzt jemand liest mit vier oder fünf oder noch mehr Kindern und denkt: »Drei Kinder? Das ist lachhaft, Moritz! Wenn du glaubst, dein Leben sei anstrengend und du wüsstest viel über Kinder, deren Dynamik und Erziehung, dann bist du nicht einmal den Schweiß wert, den deine Eltern bei deiner Zeugung vergossen haben, Moritz!«, dann *fair enough*. Sehe ich ein. Je mehr Kinder, desto krasser. Das ist meine Rechnung.

Manchmal reicht natürlich schon ein Kind aus, um dich in den Wahnsinn zu treiben – niemand leugnet das hier.

Nach dem Mittagessen habe ich einen Streit mit dem Jungen. Ich bin mir heute nicht einmal mehr sicher, worum es ging – aber es war etwas völlig Banales. Wahrscheinlich wollte er irgendetwas machen oder haben, und ich habe Nein gesagt. Vielleicht hatte er den Plan gefasst, alleine an den Hafen zu gehen oder ohne Begleitung in die Berge zu wandern. Keine Ahnung.

Auf jeden Fall ist er extrem wütend auf mich und haut ab. Wahrscheinlich versteckt er sich da hinten unter dem nächsten Wohnwagen und schmollt. Mit den Jahren habe ich gelernt, ihm Zeit zu lassen, um sich zu beruhigen. Es bringt nichts, wenn ich hinter ihm herrenne, ihn zur Rede stelle, versuche, das Ganze mit einem Gespräch zu klären, oder ihn dazu zwinge, mir zuzuhören, während ich ihm erklären will, warum ich Nein gesagt habe. Das führt maximal dazu, dass er noch wütender wird, und dann werde ich irgendwann auch wütend, und die ganze Situation fährt sich immer weiter und weiter fest. Also lasse ich es jetzt. Um das zu verstehen, musste ich es erst immer und immer wieder falsch machen – ich kann nicht einmal mehr zählen, wie oft wir in dieser Situation waren und ich es verkackt habe, ihm den richtigen Freiraum zu geben – mittlerweile kann ich ihn einfach kurz in Ruhe lassen.

Also decke ich den Tisch ab, mache den Herd sauber, räume ein bisschen auf und gehe erst dann los, um mit ihm zu reden. Er ist nicht da. Ich rufe ihn. Nichts passiert. Ich merke, wie eine kleine Angst in mir aufsteigt, die sich mit Wut mischt.

Wut ist immer meine erste Reaktion und verdrängt meistens das eigentliche Gefühl. Das eigentliche Gefühl in dieser Situation ist diese sofort einsetzende, irrationale Panik, die jedes Elternteil nachempfinden kann, das die eigenen Kinder nicht sofort findet.

Ich kann nichts tun gegen das aufkeimende Flimmern in meinem Bauch, das sämtliche irrationale Gedanken mit sich bringt, zu denen mein väterliches Gehirn in der Lage ist.

Was, wenn ihn jemand mitgenommen hat? In einen Wohnwagen, in eine Hütte, und ihn da in diesem Moment vergewaltigt? Was, wenn er doch heimlich an den Hafen gegangen ist und jetzt tot zwischen den Fischerbooten treibt? Was, wenn er alleine in die Berge gegangen ist, einmal nicht gut genug aufpasst hat und sein kleiner Körper nach einem zwölf Meter tiefen Sturz an den Klippen zerschellt ist?

Ich rufe ihn. Jetzt schon lauter, und zwinge mich, langsam zu gehen, um der Panik nicht freien Lauf zu lassen. Irgendetwas schnürt mir die Kehle zu. Meine Frau hört mein Rufen und verfällt augenblicklich in denselben Panikmodus. Wir müssen uns nicht einmal absprechen, sie geht an den Hafen, ich durchsuche den hinteren Teil des Platzes.

Mit jeder Sekunde, die wir ihn nicht finden, wird diese irrationale Gefahr größer, immer wieder habe ich den Gedanken: Das kann passieren. Man glaubt nie, dass es bei einem selbst passiert, aber Kinder verschwinden oder ertrinken oder verunglücken. Ist das heute der Tag? Ist das hier der Moment, an den ich mich den Rest meines Lebens erinnern werde?

Ich suche den ganzen Platz zweimal ab – keine Spur von ihm. Meine Frau kommt vom Strand zurückgerannt, schweißnass und knallrot im Gesicht. Halb aus Anstrengung, halb aus schierer Angst. Wir blicken uns an und erkennen die Panik in den Augen des Gegenübers, ich merke, wie ich anfange zu zittern.

»Papa!«

Das Mädchen ruft uns aus dem Vorzelt heraus.

»Jetzt nicht, mein Liebling, ich komme gleich.«

»Papa, komm mal!«

Der Kloß in meinem Hals ist so dick, dass ich mich zwingen muss zu sprechen.

»Bitte, guck dir kurz ein Buch an, wir müssen den Jungen finden.«

»Ach so. Der ist hier und liegt im Bus.«

Jesus fucking Christ! Leck mich am Arsch, ich weine fast vor Erleichterung. Er wollte ein bisschen allein sein, meint er, und da hätte er sich da hinten bei den Autos versteckt. Und dann sei er einfach in den Bus gegangen. Warum er nicht geantwortet habe, als wir ihn gerufen hätten, will ich wissen und spreche so ruhig und unaufgeregt, wie ich kann. Er antwortet nicht, und ich merke, dass es Absicht war. Vielleicht eine kleine Rache dafür, dass ich Nein gesagt habe? Chapeau, mein Lieber. Ich ziehe meinen Hut.

Ich merke, wie ein Gewicht von mir abfällt, und gehe erst mal eine Runde staubsaugen. Das beruhigt die Nerven.

Tag 13

Auf dem Bauch

Ich kann diese beschissenen Kiesel nicht mehr sehen.

Mir ist bewusst, dass ich auf sehr hohem Niveau jammere, wenn ich in gleißendem Sonnenlicht auf das azurblaue Meer blicke und mich dann darüber beschwere, dass man sich wegen des Steinstrandes nicht so gut hinlegen kann, während parallel dazu in Deutschland neun Grad herrschen und es bei uns zu Hause stürmt.

Aber ich kann einfach nicht anders. Ein Strand besteht für mich aus Sand. Und wie ich irgendwann gemerkt habe: nicht aus irgendwelchem Sand. Sand ist nicht gleich Sand. Auf den Azoren und auch den Kanarischen Inseln (auf die wir geflogen sind, als wir es noch moralisch rechtfertigen konnten für zwei Wochen irgendwo hinzufliegen, einfach, weil es da warm ist und wir des Winters überdrüssig waren – ach, was wünsche ich mir diese Unbeschwertheit manchmal zurück) ist der Sand schwarz. Wer kommt auf so eine beschissene Idee?!

Das ist metaphorisch gemeint. Ich bin nicht dumm – mir ist schon klar, dass die Vulkanerde daran schuld ist, und nicht irgendein verrückter Gouverneur irgendwann meinte:

»Leute, ich hab's! Lass mal Hunderte Millionen Tonnen schwarzen Sand ans Meer schütten!«

»Ja, aber Sire. Dann verbrennen sich doch alle die Füße, und es ist unmöglich, sich da hinzulegen.«

»Eben! Genial!«

Auf der anderen Seite gibt es aber auch Stadtplaner*innen, die meinten:

»Lasst uns mal in Wuppertal eine S-Bahn bauen. Aber über der Erde. Also voll doll über der Erde. Lass mal machen, dass die schwebt!«

Solche Leute gibt es. Warum also nicht auch irgendeinen Gouverneur, der die Strandfarbe ändert.

Immerhin besteht schwarzer Sand noch aus Sand. Steinstrände sind wie Nudeln, die man viel zu früh aus dem kochenden Wasser genommen hat. Natürlich sind es rein technisch gesehen Nudeln beziehungsweise Strände. Aber sie sind einfach noch nicht fertig und viel zu hart, und ich will das nicht!

Wir beschließen also, einen Sandstrand auf der Insel zu suchen, und tatsächlich gibt es einen. In Valun. Sagt zumindest irgend so eine Reiseführer*innen-Seite im Internet. Vierzehn Kilometer südlich von Cres – schaffbar.

Also morgens ab ins Auto und los. Für vierzehn Kilometer braucht man auf gerader Strecke nicht besonders lange. Wenn die Straße aber aus einer endlosen Aneinanderreihung von Serpentinen besteht, die nur unterbrochen wird von komplett wild gewordenen Schafherden, über die niemand die Kontrolle verloren hat, weil scheinbar nie jemand die Kontrolle hatte, braucht man für vierzehn Kilometer eine knappe Dreiviertelstunde.

Valun ist autofrei – was der absolute Shit ist und von vielen anderen Städten übernommen werden sollte. Es bedeutet, dass es vor dem Ort einen großen Parkplatz gibt, wo du dein Auto hinstellen kannst, und dann läufst du los.

Wir versuchen, eine halbe Stunde lang diesen ominösen Sandstrand zu finden und rennen die Promenade auf und ab. Ich checke viermal die Beschreibung in dem Reiseblog, bis ich irgendwann auf anderen, offizielleren Seiten nachgucke und mir bestätigen lasse, dass es diesen Strand nicht gibt. Also natürlich gibt es *einen* Strand – aber der besteht aus Steinen.

Wer macht so etwas? Wer betreibt einen Reiseblog und verbreitet dann Informationen über Orte, die es nicht gibt. Als *practical joke* wäre es natürlich der Hammer. Einen Reiseblog über ein Land zu schreiben, wenn man noch nie da gewesen ist, ist eine sehr lustige Idee. Karl May, die alte rassistische Kartoffel, ist ziemlich lange ziemlich gut damit gefahren. Aber heutzutage muss man das doch kennzeichnen. Dieser Blog zeigt sogar Fotos! Von einem Sandstrand! Den es nicht gibt!

Wenn ich jetzt beim Schreiben darüber nachdenke, muss ich lachen. Damals nicht so.

Trotzdem haben wir einen sehr schönen Tag.

Der eigentliche Strand ist ganz gut besucht, aber wenn man dahinter über eine kleine Klippe klettert, hat man eine komplette Bucht alleine für sich und die Familie. Die Kinder können sich von kleinen Felsvorsprüngen ins Wasser werfen, was sie auch beflissen zweieinhalb Stunden lang tun, und wir fläzen uns auf erstaunlich gemütlichen Liegestühlen, die man hier mieten kann. Also die Dinger stehen da einfach rum, und irgendwann taucht vielleicht jemand auf, dem man ein bisschen Geld in die Hand gibt, und dann hat man die gemietet.

Das ist etwas schwer vorstellbar als Deutscher. »Dann nehmen die ja in Kauf, dass Leute den nur für eine Stunde benutzen, und dann müssen die gar nichts bezahlen! Also nur, wenn in dem Moment, während man da drauf liegt, der Mann vorbeikommt?! Läuft das hier nach dem Zufallsprinzip, oder was?!«

In Deutschland hätte wahrscheinlich jeder Stuhl eine kleine eigene Parkuhr, und wenn man da nichts reinwirft und sich trotzdem drauflegt, wird automatisch ein stiller Alarm ausgelöst, der die Küstenwache und das Ordnungsamt alarmiert. Manchmal habe ich das Gefühl, dass es deutsche Urlauber*innen massiv überfordert, wenn man Ehrlichkeit von ihnen verlangt. Ich will gar nicht wissen, wie viele Ingos schwitzend und zitternd versuchen, den exakten Preis für die eben selbst gepflückten Blumen zu errechnen, indem sie verzweifelt die heutigen Kurse an der holländischen Tulpenbörse nachschlagen.

Wenn zu Hause alles abgesteckt ist und es für jeden Schritt eine Regel gibt, dann verlernt man irgendwann ein gewisses Maß an Selbsteinschätzung. Ich bin ja auch nicht anders.

Auch ich kann mich erst so richtig entspannen, als ich für den Stuhl bezahlt habe. Bis dahin muss ich nonstop überlegen, wie ich denn bloß dieser Firma ihr Geld zukommen lassen könnte. Immerhin benutze ich diesen Stuhl ja gerade. Gibt es hier denn keinen QR-Code, oder so? Soll ich das Geld da jetzt etwa ranklemmen? Unter einem Stein, oder was? Hilfe! Wo ist denn hier das Kassenhäuschen?! Ja, absolut richtig gelesen. Schon eine Liegestuhlvermietungsfirma ist eine Art Autorität, die mich ins Schwitzen bringt.

Da ich das Baby in der Trage zum Schlafen gebracht habe, darf ich jetzt mit ihm auf dem Bauch in einem der Liegestühle liegen und eine Stunde lang aufs Meer gucken. Ich würde lieber lesen, aber mein Buch ist in dem Rucksack auf dem anderen Liegestuhl, meine Frau ist mit den beiden Großen den Strand entlanggewandert, und ich habe Angst, dass das Baby aufwacht, sobald ich mich bewege – was bedeuten würde, dass ich dann weitere zwanzig Minuten mit seinem schwitzenden, nackten Leib an meinen gekettet durch die Wallapampa wandern müsste. Also lehne ich mich zurück und lese nicht.

Vielleicht reicht das so als Urlaub, denke ich. Vielleicht akzeptiere ich einfach, dass sich den Sommer über kein richtiges Urlaubsgefühl einstellen wird. Ich werde es nicht schaffen, mir keine Gedanken über die Zukunft zu machen – ich werde immer und immer wieder aufs Handy starren und überlegen, was man jetzt Geniales posten könnte, damit die ganzen Leute da draußen mich nicht vergessen, wohlwissend, dass das eine absolut nichts mit dem anderen zu tun hat. Die Gedanken in meinem Kopf werden nicht aufhören.

Aber vielleicht kann ich sie zumindest in meinem Kopf lassen. Wenn man merkt, dass man selbst nonstop über etwas nachdenkt, was einen daran hindert, sich zu entspannen, kommt doch automatisch auch die Frage auf, wie viel davon man seiner Partner*in mitteilt. Reicht es nicht, dass ich selbst innerlich rotiere? Kann nicht wenigstens sie einen richtigen Urlaub haben?

Vielleicht schaffe ich es ja, zwischendurch zu entspannen, den Kindern Freude zu bereiten und mich erst abends wahnsinnig zu machen. Ein paar Stunden gedankenfrei am Tag werden ja wohl drin sein. Jetzt gerade zum Beispiel. Ist doch alles wunderschön. Ich liege am Meer, das Baby auf meinem Bauch – ein Gefühl, das ich schon immer geliebt habe.

Die ersten Nächte, nachdem der Junge geboren war, habe ich ihn mir abends auf den Bauch gelegt, meine Frau konnte ein paar Stunden schlafen, und ich bin wach geblieben, von der Panik erfasst, dass ich ihn vielleicht tot rolle, wenn ich einnicke. Das war wunderschön. Dieses winzige Wesen auf der eigenen Brust zu spüren, wie es sich mit jedem meiner Atemzüge hebt und senkt, selbst schnaufend atmet und sich an meiner Hand festklammert. Bis heute liebe ich das Gefühl, wenn sich eines der Kinder ruhig auf mich legt oder an mich schmiegt. Ich fühle dann, wie ein Mensch mir zu hundert Prozent vertraut.

Bevor ich Vater war, hätte mir dieses Gefühl Angst eingejagt und eher dafür gesorgt, dass ich abhaue und definitiv nicht mehr zurückkomme. Ich hatte meistens das Gefühl, nicht einmal für mich selbst sorgen zu können, wie sollte ich das also bei jemand anderem schaffen? Dieses Gefühl war verflogen, sobald ich Vater war. Also nicht gleich – ich war schon megaüberfordert von allem, was ich auf einmal tun sollte.

Es ist ja nicht so, dass man all diese Dinge Stück für Stück und schön nacheinander lernt. Kinderkriegen ist nicht wie Englischlernen, wo man einzelne Vokabeln lernt und dann irgendwann Sätze. Sehr einfache Sätze, und hier und da bekommst du mal etwas Grammatik beigebracht, und nach einigen Jahren bist du dann so weit, eine richtige Unterhaltung außerhalb des Klassenraumes zu führen. Nein. Wenn du ein Kind bekommst, ist es ein bisschen so, als würde dir jemand sagen: »Herzlich willkommen zu deiner ersten Stunde Englischunterricht. Draußen wartet ein amerikanisches Ehepaar, bitte führe sie mit verbundenen Augen durch das Todeslabyrinth. Du bist für ihr leibliches Wohl zuständig, und wenn du Fehler machst, sterben sie.«

Von heute auf morgen wird dir ein Baby in die Hand gedrückt, und dann ist das dein neues Ding. Fertig. Das Kind brüllt? Tja, dann finde raus, warum. Kann ich dir auch nicht sagen. Guck bloß nicht im Internet nach, denn dort lautet jede Antwort auf jede Frage: »Fahr schnell ins Krankenhaus – es könnte innerlich bluten.«

Wenn du Glück hast, zeigt dir eine geduldige Pflegekraft im Krankenhaus, wie man das Ding wickelt, ohne es kaputt zu machen. Aber nicht einmal das hatten wir. Da gab es Windeln und einen Tisch. Und jetzt bitte.

Wir hatten bei der Geburt des Jungen eigentlich gar nicht geplant, in ein Krankenhaus zu fahren, was für viele Menschen immer noch merkwürdig klingt.

Wenn du vielleicht selbst gerade ein Kind erwartest und keinen Bock hast, dir eine nicht ganz so positive Geburtsgeschichte durchzulesen, überspringe einfach diesen Kasten.

Geburt Nummer 1

Meine Frau ist zu Hause geboren worden und meine kleinste Schwester auch. Die Idee, das auch zu machen, klang ziemlich gut für uns. Warum sollte man in ein Krankenhaus fahren, wenn man das in den eigenen vier Wänden tun kann? Es ist ja auch nicht so, dass das dann keiner begleitet. Wir hatten einen Platz bei einer Hebamme, die seit Ewigkeiten Hausgeburten durchführte, das nächste Krankenhaus war für alle Notfälle innerhalb von zehn Minuten zu erreichen, also warum nicht? Unser Fehler war wahrscheinlich der, dass wir uns nicht viel mehr Gedanken als diese gemacht hatten.
Unser Kind kommt zu Hause und fertig.
Wir haben uns so sehr geweigert, von etwas anderem auszugehen, dass wir nicht einmal eine Kliniktasche gepackt hatten. Dumm.
Die ersten Stunden über sah noch alles ganz normal aus. Meine Frau bekam Wehen, wir gingen spazieren, langsam und mit sehr vielen Pausen, und irgendwann kam unsere Hebamme. Und dann passierte nicht mehr viel, außer dass die Wehen viel zu schnell viel zu stark wurden, die Abstände immer kürzer, aber der Muttermund nicht immer offener.
Stundenlang wechselte meine Frau aus unserem Geburtspool in zig verschiedene Stellungen, bis unsere Hebamme irgendwann sagte, dass sie uns jetzt gern ins Krankenhaus fahren würde, weil sie nicht davon ausgehen könne, dass die Kraft meiner Frau noch ausreiche für eine Geburt.
Wir waren beide geschockt. Das war ja gar nicht unser Plan! Was soll denn das jetzt?!

Diese Fahrt ins Krankenhaus und der ganze Aufnahmeprozess kommen mir bis heute unwirklich vor. Irgendwann waren wir in einem Zimmer, unsere Hebamme hatte uns übergeben, meine Frau bekam eine PDA, und wir legten uns ein paar Stunden schlafen, zusammengeklammert in einem Krankenhausbett, ängstlich, verwirrt, enttäuscht und völlig erschöpft.
Stunden später kam ein Arzt zu uns, den ich als recht unbeteiligt in Erinnerung habe, guckte auf ein paar Bogen Papier, die eine Maschine ausgespuckt hatte, und meinte, er würde jetzt einen Kaiserschnitt machen. Bei den Werten könne man nie wissen. Außerdem hätte er danach Feierabend und wenn man das jetzt mache, dann müsse er nicht später wieder reinkommen. In dem Moment war ich zu geschockt, um irgendetwas denken zu können. Ich konnte weder intervenieren, noch gab es die Möglichkeit, irgendwelche wirklichen Fragen zu stellen. Es klang so, als gäbe es da keine große Alternative, wenn uns das Wohl unseres Kindes am Herzen liege.
Also wurde meine Frau vorbereitet, ich bin kurz ins Badezimmer gegangen, um zwei Minuten erschöpft zu weinen, und dann wurden wir Richtung OP geschoben.
Meine Frau brachten sie rein, ich musste ziemlich lange draußen warten, weil der Arzt dann doch noch mal kurz in die Cafeteria musste. Also saß ich eine gefühlte Ewigkeit heulend auf dem Krankenhausflur, bis mich irgendwann jemand in den OP dazuholte, wo ich am Kopfende bei meiner Frau platziert wurde. Kurz darauf ging es los, die Bauchdecke meiner Frau wurde geöffnet, was wir natürlich nicht sehen konnten, da ihr Unterleib abgehängt war. Aber man hörte es. Ein Geräusch, als würde jemand einen Bauch aufreißen. Ein Geräusch, auf das

uns niemand vorbereitet hatte. Während ich draußen warten musste, hatten sich die OP-Helfer*innen über ihren letzten Urlaub unterhalten, anstatt meiner Frau in irgendeiner Weise beizustehen.
Irgendwann hörten wir einen Schrei, waren extrem erleichtert, und dann hörte man nichts mehr. Ich fragte eine der OP-Schwestern, was passiert sei, und sie antwortete, dass man unseren Sohn weggebracht hätte, da gab es wohl Komplikationen, aber das sei bestimmt nicht so schlimm.
Dann fuhr man uns aus dem OP heraus in ein Krankenhauszimmer, sagte, wir sollen kurz warten und ließ uns allein. Und dann warteten wir. Und niemand kam. Und als jemand kam, wusste er oder sie auch nicht, was da los war.
Ich möchte nicht lügen, weil ich heute keine Ahnung mehr habe, wie viel Zeit wirklich verstrichen ist, aber ich würde darauf tippen, dass es fünfzehn bis zwanzig Minuten dauerte, bis eine Frau mit unserem Baby hereinkam, es meiner Frau auf den Bauch legte und meinte, man hätte ihn jetzt einfach schon mal gewaschen, gemessen, gewogen und angezogen, »weil er ja gerade schon mal da gewesen sei«. Man habe wohl vergessen, uns da Bescheid zu geben. Jetzt sei ja aber alles gut, gleich würde uns jemand abholen und in ein anderes Zimmer bringen, ich könne dann noch kurz bleiben, die Besuchszeit sei eigentlich ja schon vorbei, aber ich könne ruhig noch ein wenig bleiben, sie würde da mal mit den Pfleger*innen auf der Geburtsstation reden. Guhut! Tschüssi und herzlichen Glückwunsch.
Wie beschissen wir behandelt worden waren, dass der Kaiserschnitt nicht besonders dringend gewesen war, wie unsere Hebamme später feststellte, als sie sich die Werte anschaute,

und wie traumatisierend dieser ganze Vorgang für mich und vor allem meine Frau gewesen war, spielte in diesem Moment keine Rolle mehr.
Der Junge war da. Er war wunderschön. Er war gesund, und er war da. Und ich war Vater.

Wir haben echt schon einiges zusammen geschafft, denke ich jetzt und hier auf diesem Liegestuhl, während die Sonne langsam Richtung Meer sinkt. Also das tut sie nicht wirklich – sie braucht noch Stunden, um da unten anzukommen, aber sie macht sich von dem höchsten Punkt aus schon auf den Weg, und der Satz klingt so schön. Wir werden das hier jetzt auch schaffen, denke ich.

Ich höre meine Frau und die Kinder, bevor ich sie sehe, und als sie hinter einer Klippe zum Vorschein kommen, räkelt sich das Baby aus seinem Schlaf. Wir gehen noch einmal schwimmen, packen unsere Sachen und machen uns auf den Weg zurück.

Heute war ein guter Tag, und ich bin zuversichtlich, dass ich es hinbekomme, meine Gedanken für mich zu behalten und uns allen einen möglichst schönen Urlaub zu bereiten.

Tag 14

Depression

Ja, natürlich klappt das nicht! Ich habe in diesem Buch jetzt oft genug geschildert, dass ich mich traurig und ängstlich gefühlt habe. Dass ich nicht das Gefühl habe, im Urlaub zu sein, weil ich keinen Urlaub brauche, sondern etwas zu tun. Etwas, worauf ich mich freuen kann. Ich brauche keine Scheißferien, ich brauche einen Job, den ich ausführen darf!

Ich hänge dauernd am Handy – ich hätte dieses Scheißding nicht mitnehmen sollen. »Ja, aber dann leg das doch einfach mal weg, Moritz. Nur weil du es dabei hast, muss das doch nicht heißen, dass du es auch andauernd anstarrst und benutzt.«

Ja genau. So funktioniert das. Einfach nicht benutzen. Was im Moment für mich so klingt, als würde man einem Heroinsüchtigen sagen, er solle einfach aufhören, sich das Zeug zu spritzen. »Ja, ich weiß!«, würde auch er brüllen.

Ich weiß ja auch, dass das nicht gut für mich ist. Aber ich kann nicht damit aufhören – genau das ist doch das Problem. Nicht von etwas wegzukommen, von dem du weißt, dass es dich langsam kaputtmacht!

Und natürlich endet das Ganze nicht, nur, weil ich in irgendeinem Liegestuhl liegend beschließe, dass das Ganze jetzt endet. Ich erspare uns jetzt eine weitere triefende Erläuterung meines Seelenzustandes. Ich habe mich noch ein paar Tage länger beschissen gefühlt.

Fertig.

Tag 17

Akzeptanz

»Weißt du was? Vielleicht fahren wir einfach nochmal woandershin.«

Diese Idee ist mir gestern Abend gekommen. Vielleicht muss ich noch mal an einem anderen Platz ankommen, um diesen Urlaub quasi von vorne starten zu können.

Mein erster Impuls war es, das Land zu wechseln. Einfach weiterzufahren bis nach Griechenland. Zu genau dem Platz, den wir uns ein Jahr zuvor als eigentlichen Startpunkt für unsere Elternzeit-Reise ausgesucht hatten.

Aber in diesem Jahr muss es wohl reichen, einen zweiten Campingplatz in der Nähe zu finden, der noch nicht überbucht ist. Wie sich herausstellt, ist das nicht besonders schwer. Kein Platz ist überbucht, die meisten schmeißen eher mit Rabatten um sich, um irgendwie noch ein paar Menschen anzulocken.

Vor einer Woche sprach sich das Gerücht herum, dass bei einem wirklichen Corona-Ausbruch sämtliche Fährverbindungen gecancelt werden könnten und man dann für unbestimmte Zeit hier festgesetzt wäre. Es gibt keinerlei offizielle Bekanntmachung dazu. Aber man munkelt! Und das reicht aus, um sämtliche verbliebene Urlauber*innen zurück nach Deutschland zu treiben – wir hätten also die freie Wahl, wenn es darum ginge, den Platz zu wechseln.

Ehrlich gesagt, würde es mich nicht einmal besonders stören, hier festzusitzen. Es ist ja nicht so, als würde zu Hause irgendetwas auf mich warten. Alle Auftritte wurden abgesagt, unsere Radiosendung kann ich auch von hier aus aufnehmen, und das war's. Mehr Pläne gibt es nicht.

»Wohin?«

»Keine Ahnung, ist mir ehrlich gesagt scheißegal. Ich will einfach noch mal einen zweiten Ort haben für die letzte Woche und noch mal neu anfangen mit dem Urlaub.«

»Okay.«

Das ist eine Sache, die ich an meiner Frau besonders liebe. Mit ihr ist das meiste unkompliziert. Vor allem dann, wenn sie merkt, dass mir etwas wichtig ist. Und wenn es Zweifel gibt oder Ängste oder irgendwelche Bedenken, dann ist sie bereit dazu, trotzdem sofort darüber nachzudenken, ob man die irgendwie zerstreuen könnte. Und mehr kann man doch gar nicht verlangen, oder?

Ich bin auf der anderen Seite genauso. Mit Anfang zwanzig war ich mir zum Beispiel absolut sicher, dass ich niemals südlicher als Hamburg wohnen werde. Geht ja gar nicht – ist ja dann nicht mehr Norddeutschland. Also, ehrlich gesagt war ich mir sicher, dass ich einfach in Hamburg wohnen bleiben würde. Warum sollte man irgendwo anders hin? Hamburg war die perfekte Stadt. Nicht zu groß, aber immer am Leben. Wunderschön und trotzdem nicht zu spießig. Teuer, aber bezahlbar, wenn man von Hamburger*innen für Auftritte bezahlt wird. Modern, aber urig. Cool, aber nicht anstrengend. Hamburg eben.

Und dann wollte meine Frau Psychologie studieren und wurde nur in Bremen angenommen. Und ich meinte: »Okay.«

Und zwei Wochen später sind wir nach Bremen gezogen.

Fertig.

An diesem Abend setzen wir uns ans Handy und kundschaften die Möglichkeiten aus. Tatsächlich nimmt uns der unserer Meinung nach beste Platz nicht auf, weil er die Policy hat, dass man schon Wochen vorher reservieren muss. Ob es noch freie Plätze gäbe? Ja, schon. Aber die hätte man vor Wochen reservieren müssen. Aus Prinzip.

So sehr scheint Corona diesen Betreiber nicht getroffen zu haben, aber schon der zweitbeste nimmt uns mit Kusshand.

Es ist gar nicht so einfach, gute Campingplätze zu finden, wenn man »gut« nicht mit möglichst viel Komfort und Luxus gleichsetzt. Aus irgendeinem Grund wollen die meisten Menschen nicht so campen, dass es sich wie campen anfühlt. Wenn ich zum Campen fahre, dann möchte ich das Gefühl haben, von möglichst viel Natur umgeben zu sein. Der Platz muss möglichst klein sein und trotzdem möglichst wenig besucht. Ich brauche weder ein geiles Restaurant, noch eine ganze Batterie an Kinderbespaßung. Ein eigenes Schwimmbad auf einem Campingplatz, der direkt am Meer liegt, ist in meinen Augen maximal sinnlos. Das ist in etwa so, als würde ich auf eine künstliche Rodelbahn in einem Skihotel bestehen. Oder mir auf meinem Handy einen Porno angucken, während meine Frau nackt daneben liegt.

Ich will einfach nur einen Platz zum Stehen in möglichst freier Natur und ohne viel Schnickschnack. Anscheinend bin ich aber einer der wenigen Menschen, der so denkt – es ist nahezu unmöglich, so etwas hier in der Umgebung zu finden.

Wenn ich also eben von dem »zweitbesten Platz« gesprochen habe, dann ist das derjenige, der von den eben aufgezählten Negativpunkten am wenigsten hat und dabei schön aussieht.

Es gibt einen Pool, aber der ist nur zwanzig Quadratmeter groß, und aufgrund von Corona wird der Besuch begrenzt. Es gibt jede Menge Bespaßungsmöglichkeiten, von denen die meisten aber in diesem Jahr entfallen. Der Platz ist riesig, aber ziemlich leer, und wenn man einen Stellplatz am Rand nimmt, kann man so tun, als wäre da eine Menge Natur.

Alles scheißegal – Hauptsache, ein Szenenwechsel, also buchen wir uns ab übermorgen da ein. Der Platz liegt auf der Nachbarinsel, was bedeutet, dass wir noch einmal mit einer Fähre fahren müssen – die Kinder lieben es.

Schon das Wissen, dass dieser Platz hier nicht der letzte sein wird, hebt meine Stimmung. Ich würde jetzt nicht direkt von Reiselust sprechen – die Fahrtzeit zwischen unseren beiden Stationen beträgt knappe zwei Stunden, die Fährfahrt mit eingerechnet – aber irgendwie fühlt es sich gut an, sich noch einmal auf den Weg zu machen.

Abends reden wir über mich und meine Gefühle. Wir haben dieses Thema in den letzten Tagen bewusst ausgespart. Oder vielmehr habe ich das Thema ausgespart, aus dem irrsinnigen Plan heraus, das Ganze einfach mit mir selbst auszumachen und meine Frau damit nicht zu belasten. Dass das nicht besonders gut funktioniert, kann sich jede*r denken, der schon mal fünf Minuten lang eine Beziehung geführt hat.

Und es tut gut, darüber zu reden. So ziemlich alles, was ich sage, sind keinerlei neue Gedanken oder Erkenntnisse, aber manchmal reicht es ja schon aus, alles in Worte zu fassen, um Ängsten ein wenig die Schwere zu nehmen.

Meine Frau hört mir zu, nimmt Anteil und verzichtet auf Ratschläge, wofür ich ihr sehr dankbar bin. Was nicht ganz stimmt. Aber meine Frau hat die Gabe, ihre Ratschläge so zu formulieren, als wäre ich eigentlich selbst darauf gekommen, und sie würde sie nur aussprechen.

»Worin besteht denn deine Angst?«

»… dass mich alle vergessen.«

»Aber das wird nicht passieren.«

»Ich weiß! Und das ist ja das Absurde. Ich weiß das ja ganz genau, und trotzdem habe ich Angst davor.«

»Folgst du deinen Lieblingscomedians eigentlich im Internet?«

»Nein. Ich folge niemandem.«

»Aber könntest du sie jetzt aufzählen?«

»Klar. Bill Burr, Tom Segura, James Acaster, Hannah Gatsby, Dylan Moran, Bo Burnham, Till Reiners, Simon Amstell …«

»Siehst du? Du würdest die nie vergessen. Und wenn du die live sehen wollen würdest, würdest du nachgucken, wann die in deiner Nähe sind und Tickets kaufen.«

»Ja. Ich weiß. Wahrscheinlich ist es gar nicht das.«

»Was ist es denn?«

»… es fühlt sich scheiße an, nicht das machen zu können, was ich am liebsten mache. Auftreten ist das einzig wirklich Gute an meinem Job. Alles andere – der ganze Internetkrams, die Fernsehauftritte und Interviews – das ist alles nur dafür da, um mehr Leute in die Show zu bekommen. Und jetzt mache ich nur noch den Scheißteil, ohne die Belohnung dafür zu bekommen.«

»Okay, das verstehe ich.«

»Wenn ich in den letzten Jahren keinen Bock mehr auf Facebook und Insta hatte, konnte ich abends auf die Bühne gehen und wusste: Ah! Das macht zwar keinen Spaß und fühlt sich meistens wie eine Qual an, aber hier wären nur halb so viele Leute, wenn ich es nicht machen würde. Und deswegen quäle ich mich da durch.«

»Ja.«

»Jetzt ist es so, als wäre ich in einem Hamsterrad aus Scheiße gefangen.«

»… dann hör auf damit.«

»Das geht nicht so einfach.«

»Schon. Hör einfach langsam auf damit. Und fang wieder an, wenn du wieder auftreten kannst. Und wenn dich dann einige Leute vergessen haben, such dir neue.«

»…«

»Oder mach nur noch Videos, die dir selbst Spaß machen.«

»Aber dann würde ich nicht mehr allzu viele Videos machen.«

»Dann eben nicht.«

»… das ist leicht gesagt.«

»Ja, aber auch nicht sooo schwer gemacht.«

»…«

»Und das muss doch auch nicht morgen klappen. Versuch es doch einfach ganz langsam – ist doch egal, wie lange das dauert. Du schaffst das schon.«

»Aber wir müssen Geld verdienen.«

»Werden wir. Du verdienst immer irgendwie Geld. Du hast jetzt zwölf Jahre lang Fans gesammelt, und die werden nicht einfach weg sein. Kann angehen, dass dir die Arbeit in der nächsten Zeit keinen Spaß machen wird. So ist das manchmal. Jetzt müssen wir einfach einen Weg finden, der sich möglichst wenig scheiße für dich anfühlt.«

Und dann umarmt sie mich. Manchmal vergesse ich, wie gut das tut, wenn man umarmt wird.

»Dieser ganze Internetkrams macht dich richtig krank. Du bist süchtig danach, und das ist okay. Das ist nicht deine Schuld. Aber du wirst es schaffen, das Handy immer öfter wegzulegen. Sei nicht zu hart mit dir und versuche es Stück für Stück.«

Das hier ist, wie gesagt, kein Ratgeber für irgendetwas, aber wenn man mich früge, und man fragt mich nicht oft, ob ich Tipps dazu hätte, wie man eine gute Ehe führt: Hört auf, so viel abzuwiegen.

Keine Frage – es gibt immer etwas zu wiegen.

Wer hat mehr Freizeit, wer arbeitet mehr? Wer macht mehr im Haushalt? Wer bekommt öfter recht? Wer hat öfter schlechte Laune, wer organisiert das meiste? Wer tut mehr dafür, gut auszusehen, wer hat wie oft Lust auf Sex? Wer macht eher Kompromisse, wer ist sturer? Wer macht dies und wer macht das?

Und es gibt sicherlich viele Ehen, in denen die eine Waagschale sehr viel mehr Gewicht trägt als die andere. Aber ich weiß aus sehr vielen Ehen, dass oft beide Partner*innen das Gefühl haben, den Großteil zu leisten. Das ist bei uns nicht anders. Meine Frau und ich machen beide den Großteil von all dem, was anstrengend ist. Rein rechnerisch ist das nicht möglich – was bedeutet, dass wir aber beide das Gefühl haben, so viel zu tun, wie wir eben tun können. Und das reicht doch aus. Ich versuche, mich jedes Mal daran zu erinnern, dass sie das genauso denkt, wenn ich wieder mal anfange auszurechnen, wie sehr ich hier eigentlich bis an mein Limit arbeite. Wenn ich am Rande der Erschöpfung stehe, bedeutet das ja nicht automatisch, dass sie die Beine hochlegt. Vielleicht ist es bei zwei Menschen mit drei kleinen Kindern manchmal einfach so anstrengend, dass beide gefühlt den Großteil machen müssen, damit überhaupt irgendetwas erledigt ist.

Anstatt also zu denken: »Ich bin so erschöpft, ich kann gleich nicht mehr – warum macht die eigentlich nichts?!«, versuche ich zu denken: »Ich bin so erschöpft, ich kann gleich nicht mehr – sie wahrscheinlich auch nicht. Wie gut, dass wir beide so engagiert sind.«

Das ist wie die Situation, wenn man das Gefühl bekommt, dass sich die Partner*in nicht genug Mühe mit ihrem Aussehen gibt. Das kommt ja vor, dass man denkt: »Ich möchte mein Gegenüber wunderschön finden, warum sorgt er oder sie nicht dafür, dass das so ist!« Und dann sollte man einmal in den Spiegel gucken und kurz überprüfen, was man selber mit an den Verhandlungstisch bringt. Und dann guckt man sich das so an und merkt, dass man absolut keinen Bock darauf hat, sich jetzt einen Trainingsplan zu machen, um den eigenen Wohlstandsbauch zu verlieren, und auf einmal wird einem klar, dass man das dann ja auch schlecht vom Gegenüber verlangen kann. Oder man entscheidet, gemeinsam zu trainieren – davon haben dann alle was.

Guck erst mal bei dir selbst und *danach* auch noch bei deinem Gegenüber, ist glaube ich das, was ich sagen will.

Und redet.

Macht nicht den gleichen Fehler wie alle anderen und brummelt eure Gefühle wochenlang in euch hinein, bis man dann schließlich ausrastet wegen irgendeiner Kleinigkeit, die eigentlich unbedeutend ist, aber den Ausschlag gibt, für einen Tsunami an Wut, der sich seit einer kleinen Ewigkeit schon angestaut hat.

Man kann das lernen. Und das sage ich aus eigener Erfahrung.

Meine Frau sieht übrigens fantastisch aus im Sommer. Also immer, aber im Sommer besonders. Ich habe versucht, Beziehungen zu führen, in denen mein Gegenüber meinem äußeren Ideal nicht entsprach. Und das hat ganz einfach nicht funktioniert. Ich habe eine sehr genaue Vorstellung davon, was in meinen Augen attraktiv ist und was nicht, und ich war mir schon immer sicher, dass meine zukünftige Ehefrau in diese Kategorie reinpassen muss. Dafür reicht ein Grundgerüst – ich bestehe nicht auf Kleinigkeiten und brülle sie an, sobald sie zunimmt. Ich bin weder Fanatiker, noch Arschloch. Der Körper meiner Frau hat sich verändert. Natürlich hat er das – sie hat drei Kinder auf die Welt gebracht. Aber ich liebe ihren Körper, weil es ihr Körper ist. Egal, in welcher aktuellen Form. Und ich hoffe, dass es ihr mit meinem genauso geht.

Das ist ja auch so eine männliche Art und Weise. Laut oder nur für sich zu verlangen, dass sich die Frauen Mühe geben mit ihrem Äußeren! Jawohl! Und dann guckt man an sich runter. Und dann fängt man kleinlaut an, täglich Liegestütze und Situps zu machen.

Ich bin mir absolut bewusst darüber, dass meine Vorlieben auf dem beruhen, was mir durch Filme, Plakate und Zeitschriften gezeigt wurde. Schlankheit und absolute Ebenheit der Haut und eine bestimmte Form der Kurven sind mir von Anfang an eingebrannt worden. Wenn alle Frauen in sämtlichen Medien, die als sexy und gut aussehend bezeichnet werden, einem bestimmten Typus entspringen, dann bekommt man eingeimpft, dass die perfekte Frau so auszusehen hat. Bei einigen ist das wahrscheinlich mehr der Fall als bei anderen – bei mir ist es extrem so.

Natürlich ist mir bewusst, dass die meisten Frauen nicht so aussehen wie auf Modeplakaten oder in Hollywoodfilmen, dass sämtliche Fotos bearbeitet sind und die meisten Models immer kurz vor dem Verhungern stehen. Aber jetzt ist es zu spät. Das Bild, wie perfekte Frauen auszusehen haben, wurde in mein Gehirn eingebrannt, bevor ich das Wort photoshoppen auch nur gekannt habe.

Es ist krass, dass sich das nicht zu ändern scheint. Dass man dieses Bild und den Schönheitswahn immer noch frei weiterlaufen lässt, und immer mehr Jungs und Mädchen darunter leiden müssen.

Natürlich ist das für Mädchen bedeutend schlimmer. Wenn meine Tochter irgendwann darunter leiden wird, dass sie nicht so aussieht, wie all diese Fotos in den Magazinen, dann werde ich ihr nicht helfen können. Weil Erklärungen und Worte dabei nicht helfen.

Aber auch für Jungs ist es scheiße, einem Ideal hinterherzuhecheln, welches es nicht gibt. Es fühlt sich scheiße an, einen komplett unrealistischen Standard an das Aussehen deiner Partnerin zu setzen, von dem man ganz genau weiß, dass er unrealistisch ist und es trotzdem nicht sein lassen zu können.

Heute kann ich ziemlich genau unterscheiden, was realistisch ist und was nicht. Welches Erscheinungsbild mir eingeimpft wurde und wie Frauen im Normalfall aussehen. Und trotzdem erwische ich mich manchmal dabei, wie ich diesen falschen Standard anwende und bin dann unbeschreiblich froh, dass ich männlich bin und mich nicht selbst an ihm messen muss.

Meine Frau ist, wie gesagt, wunderschön, und ich würde eigentlich immer gerne mit ihr schlafen. Aber das mit dem Sex ist beim Camping so eine Sache. Immer ein bisschen nervig, immer etwas unterdrückt, damit weder die Kinder, noch die Nachbar*innen davon aufwachen. Davon ausgehen, dass irgendwer das mitbekommt, muss man ja sowieso – alles andere wäre naiv.

Also hängt man die Busfenster so gut ab, wie es irgend geht, und versucht, sich möglichst wenig zu bewegen, damit die Kinder nicht aus dem Dachzelt purzeln. Die sexuelle Notsituation ist eines der wenigen Übel im Campingurlaub, dass sich Menschen mit und ohne Kinder teilen.

Ich kann es nicht unterdrücken, an einigen Tagen sehnsüchtig auf junge Paare ohne Kinder im Urlaub zu schauen. Gott, sieht das entspannt aus. Aufstehen, wann man will! Wobei eher: Den *ganzen Tag* lang machen, was man will! Es ist leicht, in manchen Momenten zu vergessen, warum man Kinder haben wollte.

Was wohl auch daran liegt, dass all die tollen Erlebnisse, die man nur hat, weil man sie mit den Kindern gemeinsam erlebt, zum Alltag geworden sind. Es gibt wenig Schöneres, als wenn sich drei kleine Kinder müde an dich kuscheln und der Geschichte lauschen, die du ihnen vorliest. Nur wenig fühlt sich so schön an, wie mit einem Kind im Arm im Meer zu stehen, während es sich bei jeder Welle jauchzend an deinen Hals klammert. Niemand sonst kann deinen Bauch vor

Freude beinahe zum Platzen bringen, wenn er oder sie die ersten Male Papa zu dir sagt. All das sind Momente, die ich um nichts in der Welt vermissen möchte. Dazu das Gefühl, einen Sinn im Leben zu haben. Etwas, das größer ist als Karriere oder Luxus oder die Anerkennung von Tausenden Fremden.

Aber manchmal steht man dann doch mit einer vollgeschissenen Windel an der Mülltonne und betrachtet sehnsüchtig das Anfang zwanzigjährige Pärchen, das sich rauchend in die Liegestühle fläzt und bei einem Glas Wein am Mittag lesend aneinander kuschelt. Das ist Urlaub. Wenn man keine Kinder hat.

»Ich liebe meine Kinder mehr als mein eigenes Leben.« Viele Menschen glauben, dieser Satz bedeute, dass, wenn einem jemand eine Pistole an den Kopf hielte und man sie fragte, wen man erschießen solle, sie selbst oder die Kinder, sie automatisch antworten würden: »Nimm mich. Ich liebe meine Kinder mehr als mein eigenes Leben.«

Aber das heißt es nicht. Der Satz bedeutet, dass man früher ein eigenes Leben hatte. Und da konnte man machen, was immer man wollte. Und dann kam ein Kind. Und jetzt ist das eigene Leben sehr dadurch bestimmt, dass man darauf achtet, was dieses Kind braucht und will und muss. Und das eigene Leben, das man früher hatte, verschwindet im Hintergrund. Und das ist völlig okay. Weil das Leben mit Kind besser ist, und man all diese Freizeit und Freiheit und Verantwortungslosigkeit von früher nicht mehr braucht. Weil man das Leben mit dem Kind liebt. Und das Kind auch. Mehr als sein eigenes Leben.

Urlaub mit Kindern ist einfach anders. Man sollte gar nicht damit rechnen, dass man es schafft, tagsüber irgendetwas von dem zu machen, was früher Urlaub bedeutet hat. Man macht das gleiche wie zu Hause auch – nämlich, sich um die Kinder kümmern. Nur in einer schöneren Umgebung. Und erst, wenn man sich das vergegenwärtigt, kann man die kleinen Unterschiede zwischen Urlaub und Alltag erkennen. Diese schönen Momente, in denen man am Strand liegt und alle Kinder spielen irgendetwas, während man selbst nichts zu tun hat, als auf das Meer zu starren.

Man kann lernen, die eigene Erwartungshaltung an Urlaube neu zu definieren. Das ist ein bisschen wie mit Weihnachten. Wenn ich an Heiligabend denke, wünsche ich mir natürlich das Gefühl zurück, das dieser Tag in mir als Kind erzeugt hat. Die Spannung, das prickelnde Gefühl im Bauch, die Freude, wenn der Tannenbaum leuchtet, der Anblick des festlich geschmückten Esstischs, und irgendwann darf man endlich die Geschenke auspacken. All das ist vorbei, aber das musste ich erst einmal realisieren.

Die Aufregung kam früher daher, dass das alles von irgendwem gemacht wurde, und ich dieses Weihnachtsgefühl nur konsumiert habe. Meine Eltern haben diesen Tag minutiös geplant, um in mir dieses Gefühl hervorzurufen. Heute sind wir an der Reihe, Emotionen zu basteln. Meine Frau und ich kaufen den Weihnachtsbaum, bereiten das Essen zu und wissen ziemlich genau, was in den Geschenken ist, weil wir sie ausgesucht, gekauft und eingepackt haben. Das schöne Gefühl an Weihnachten kommt also nicht mehr daher, dass ich Freude empfange, sondern dadurch, dass ich sie für meine Kinder erzeuge.

Und bei Urlauben ist es doch genauso. Als Kind war jeder Urlaub magisch, weil tolle Sachen passiert sind und man kleine Abenteuer erleben konnte. Weil alles aufregend war und man nie wusste, was als Nächstes passiert. Heute weiß ich, was als Nächstes passiert. Ich plane unsere Abenteuer, suche Reiseziele raus, und nichts ist magisch daran, eine Bootsfahrt zu buchen. Zumindest nicht für mich – für die Kinder schon.

Am Ende des Tages muss ich also mein Urlaubsgefühl neu definieren und die Erwartung loslassen, dass ich die Gefühle meiner Kindheit reproduzieren kann. Ich bin jetzt erwachsen und Vater und schenke das weiter, was ich von meinen Eltern früher als Urlaub verpackt bekommen habe.

Gott, habe ich lange gebraucht, um das zu begreifen.

Tag 19

Krk

Der Tag der Weiterreise ist gekommen. Wir haben abends schon so viel verstaut wie es irgend geht, damit es am Morgen nicht allzu gehetzt zugeht. Beim Abbau des Kochers und dem Verstauen der Gasflasche fällt mir auf, dass sie sehr viel leichter ist, als ich gedacht habe. Die reicht nie im Leben noch für den Rest des Urlaubes.

So wenig Ratgeber dieses Buch auch ist, einen Tipp habe ich tatsächlich: Recherchiert vorher, welche Art von Gas in den jeweiligen Ländern zu kriegen ist. So sehr ich im richtigen Leben gegen Gas als Energiequelle auch bin – beim Camping ist es unbeschreiblich wichtig. Ohne Gas kein Kochen, kein Kühlen und in einigen Fällen sogar kein Heizen.

Auf einer unserer ersten Reisen habe ich in Frankreich eine große Flasche Campingaz besorgt. Die gibt es dort in jedem Supermarkt, man kann die alte Flasche für wenig Geld einfach gegen eine neue austauschen – megapraktisch.

Wenn man in Frankreich ist. Hier in Kroatien hat anscheinend noch nie jemand etwas von dieser Firma gehört. Ich recherchiere im Internet, und tatsächlich gibt es einen kleinen Baumarkt, der diese Flaschen wiederbefüllt. Als wir auf dem Weg zur Fähre dort vorbeifahren, stellen wir fest, dass der Baumarkt zwar diese Flaschen wiederbefüllt, aber scheinbar vor zwei Jahren insolvent gegangen ist.

Jetzt könnte man natürlich sagen: Ach, scheiß auf das Geld und kauf einfach eine andere Gasflasche von einer anderen Firma. Aber das würde bedeuten, einen komplett neuen

Kocher zu kaufen, weil unserer ausschließlich auf Campingaz ausgelegt ist.

Ich bin kein Sparfuchs. War ich nie, werde ich nie sein. Weder achte ich besonders aufs Geld, noch bin ich der letzte, der nicht bereit ist, sämtliche Vorsicht über Bord zu werfen und zu denken: Komm, das gönnen wir uns.

Es sei denn, ich bin im Urlaub. Ich habe keine Ahnung, warum, aber sobald wir im Urlaub sind, fange ich an, aufs Geld zu achten. Meine Frau ist regelmäßig genervt davon, weil es das Reisen erheblich erschwert und meinem sonstigen Naturell komplett widerspricht, aber ich kann das nicht abstellen. Anstatt also einfach einen neuen Kocher plus Flasche für achtzig Euro zu kaufen, klappere ich telefonisch die Campingplätze in der Nähe ab, bis ich einen finde, der Gasflaschen sämtlicher Art wiederbefüllt, was für uns bedeutet, dass wir mehrere Stunden in Cres totschlagen müssen.

Der alte Turm ist beim zweiten Mal nicht mehr so spannend wie beim ersten Mal, aber er ist nun mal die einzige Sehenswürdigkeit in diesem Kaff, also noch mal hin da. Eis und Fast Food bringen die Mittagszeit irgendwie rum, und nachdem wir die aufgefüllte Flasche wieder abgeholt haben, geht es Richtung Fähre, wo meine Standardprozedur beginnt.

Natürlich habe ich uns ein Ticket online besorgt. Vielleicht hätte man das aber besser ausdrucken sollen? Stand auch in der E-Mail, lese ich jetzt. Drucken Sie das Ding besser aus. Klar, so ein Handyticket sollte eigentlich reichen. Was ist denn jetzt aber, wenn bei dem Kontrolleur dieses Handlesegerät ausgefallen ist. Dann stehe ich hier in dieser Autoschlange, der Typ nimmt mein Ticket nicht an und dann stecken wir fest. Alle anderen Autos hinter mir müssen Platz machen, was einen gigantischen logistischen Aufwand bedeuten würde, und alle wären tierisch genervt. Zu Recht! Warum druckt der Idiot da vorne auch nicht sein Scheißticket aus? Wie dumm kann man denn sein?! Schwitzend kontrolliere ich immer wieder die Handyoberfläche, ob das Ticket noch geöffnet ist. Langsam nähert sich die Schlange der Autorität mit dem Lesegerät. Oh nein, er hat nicht einmal ein Lesegerät! Der steht da einfach mit nacktem Oberkörper rum und kontrolliert Tickets. Wahrscheinlich aus Papier! Und ich habe kein Papier!

Wir fahren vor, der junge Mann guckt sich mein Handy an, winkt mich weiter, und ich lasse meinen schweißnassen Körper in den Sitz zurückfallen. Geschafft. Erst auf der Fähre fällt mir auf, dass ich das falsche Ticket geöffnet hatte – es war das alte von unserer ersten Überfahrt, was dem halbnackten Mann nicht hätte egaler sein können.

Autorität ist etwas Konstruiertes, und ich bin in dieser Hinsicht der geborene Ingenieur.

Wir erreichen Krk.

Insel Krk

Reiseführer würden schreiben:

Krk [kr̩k] (lateinisch *Curicta*, italienisch *Veglia*, dalmatisch *Vikla*, deutsch veraltet *Vegl*) ist eine kroatische Insel im Adriatischen Meer und nach neueren Messungen mit 405,78 km^2 zusammen mit der exakt gleich großen Insel Cres die größte Insel in der Adria. Sie liegt in der Kvarnerbucht südöstlich von Rijeka. Durch die Krk-Brücke ist Krk seit 1980 mit dem Festland verbunden. Auf der Insel leben rund 17.800 Menschen. Sie liegt in der Gespanschaft Primorje-Gorski kotar. Administratives Zentrum der Insel ist die Stadt Krk.

Tourismusbeauftragte würden sagen:

Und immer wieder überraschen die Straßen von Krk durch spektakuläre Ein- und Ausblicke. Fantastisch der Gegensatz zwischen dem Grau der kahlen Berge und dem Blau des Meeres, großartig die Panoramastraße hinunter nach Stare Baska, wo wir am liebsten in jeder Kurve einen Fotostopp machen würden. Unten an der Mole dann lockt das türkisgefleckte Meer.

Ich sage:

Ganz ehrlich? Krk sieht aus wie Cres. Natürlich ist die Insel flacher, die Städte sind etwas größer, aber am Ende des Tages sind es Felsen und Olivenbäume.

Der Campingplatz ist anders. Während man auf dem ersten immer etwas wenig Bock hatte, aufs Klo zu gehen, weil die sanitären Anlagen stanken, marode und alt waren und ehrlich gesagt schlicht und ergreifend abgerissen und neu aufgebaut gehörten, sind die Toiletten und Duschen auf unserem neuen Platz eher fancy schmancy.

Die Plätze sind nummeriert und erstrecken sich über ein riesiges Areal, in normalen Jahren gibt es Tauchkurse, eine Meeresbiologiestation für Kinder mit Tagesexkursionen, Kajaktouren auf dem offenen Meer, ganztägige Kinderanimation mit allabendlicher Junior-Disco, ein Restaurant, eine Obststation, einen kleinen Supermarkt samt Bäckerei und einen eigenen kleinen Laden für den ganzen Badescheiß. Der alte Platz hatte auch ein Restaurant, aber das Essen war furchtbar, und der platzeigene Supermarkt wurde von einer missmutigen Fünfzehnjährigen geleitet, die eindeutig dazu gezwungen wurde, ihre Ferien hier zu verbringen, weil der Laden ihrer Mutter gehört. Sie hasste jede Sekunde, rollte genervt mit den Augen, sobald jemand den Laden betrat, weil sie dadurch gezwungen war, von ihrem Handy aufzuschauen, und verurteilte jeden, wenn er oder sie kein Kroatisch sprach.

In jedem anderen Jahr wäre der alte Platz sehr viel mehr mein Ding gewesen, in diesem Jahr überwiegt der Ortswechsel aber jegliche Präferenz. Vielleicht stehe ich mittlerweile auch einfach mehr auf Luxus, als ich es mir selber eingestehen will – auf jeden Fall freue ich mich bei jedem Mal Kacken darüber, wie sauber die Toilette ist und dass die Spülung funktioniert.

Wir suchen uns einen Platz, der von den noch freien mit Abstand am besten gelegen ist: auf einer kleinen Terrasse am Rande des Campingareals, auf der drei einzelne Plätze ausgewiesen sind, dahinter nur noch Wald, und man steht erhöht über allen anderen. Man ist also etwas abgeschieden, sieht trotzdem das Meer und hat seine Ruhe. Von den zwei anderen Plätzen auf der Terrasse ist nur einer belegt.

Wir bauen auf.

Wir haben ein fünfundzwanzig Jahre altes Vorzelt für den Bus, das man auf drei Seiten öffnen kann, einen Tisch, zwei Stühle und einen Teppich.

Den Teppich hätte ich mir niemals selbst gekauft, aber seit er uns geschenkt wurde, liebe ich die Idee, einen dabei zu haben. Ein Pärchen auf dem alten Platz hatte ihn besorgt, als sie merken mussten, dass ihr Krabbelkind sich weigerte, den trockenen Steinboden zu berühren. Nach zwei Wochen kamen sie auf den Gedanken, in einem billigen Möbelhaus zu suchen und kauften dieses Vierzig-Euro-Prachtding. Bei ihrer Abreise überließen sie ihn uns, und wir werden das Ding definitiv wegschmeißen, sobald wir nach Hause fahren – seit dem letzten Regenschauer riecht er ein bisschen so, als hätte jemand einen toten Hund darin eingerollt. Aber er ist megapraktisch.

Die Stühle und der Tisch stellen sich als überflüssig heraus. Die Kinder essen sowieso immer da, wo sie gerade stehen oder spielen, und der Campingtisch ist dermaßen wackelig – so wie alle Campingtische eben – und alles, was draufsteht, fällt um, sobald sich das Baby einmal daran hochzieht, was es ungefähr zwanzigmal am Tag macht.

Für die nächste Reise möchte ich diese Thaimatten haben, die man zusammenfalten und dadurch zum Liegen und Sitzen benutzen kann, und einen Tisch, wie man ihn in Japan benutzt. Also einen, an dem man in Bodenhöhe sitzt. Keine Ahnung, ob man die in Japan tatsächlich benutzt.

Baue ich selber – hab ja genug Zeit den nächsten Herbst über. (Zu diesem Zeitpunkt ahne ich noch nicht, dass alle Baumärkte schließen werden und ich abgesehen davon mit drei Kindern zu Hause sowieso absolut gar nichts bauen werde.)

Dazu kommt unser Kühlschrank. Wer einmal campen war, weiß, wie beschissen es ist, keinen Kühlschrank zu haben – deswegen habe ich einen gekauft, den man immer und überall benutzen kann. Entweder über normalen Steckdosenstrom, die Autobatterie oder Gas. Völlig egal, wo wir gerade sind – die Milch ist kalt. Beim Auspacken fällt mir ein schwarzes Plastikding in die Hände. Wahrscheinlich irgendein Schrott, den die Kinder am Strand aufgelesen haben. Es ist unglaublich, was die alles irgendwo hinstopfen, weil sie der Meinung sind, das müsse so etwas wie ein Schatz sein. Dieses Teil hier ist schwarz und sieht aus wie eine Klammer oder so etwas. Ich könnte das jetzt aufbewahren, aber dann müsste ich einen Ort dafür finden, und die Mülltüte habe ich sowieso schon in der Hand. Was soll's – weg damit.

Als es an unserem ersten Abend kalt zu werden beginnt, verstehen wir, warum dieser fantastische Stellplatz nicht schon besetzt war.

Der Campingplatz rühmt sich damit, besonders nachhaltig und ökologisch zu sein. Neben dem aufwendigen Recyclingverfahren und der generellen CO_2-Neutralität gehört dazu auch die erste pflanzliche Abwasserkläranlage Kroatiens, die direkt hinter unserem Platz liegt. Man muss sich das so vorstellen: Sämtliche menschliche Ausscheidungen werden in ein gigantisches Becken geleitet, wo sie dann über Monate hinweg von Pflanzen zersetzt werden sollen. Das fällt tagsüber nicht auf. Zum Abend hin kühlt aber die Luft ab und senkt sich dann den Berg herab in Richtung des Meeres und somit direkt an unserem Bus vorbei.

Oder, um es in anderen Worten zu sagen: Ab fünf Uhr nachmittags riecht es bis halb neun extrem nach Scheiße.

Ich wundere mich etwas darüber, dass wirklich niemand an der Rezeption irgendetwas zu dem Thema erwähnt hat – wir werden ja nicht die ersten sein, denen das auffällt.

Wir überlegen kurz, den Platz noch zu wechseln, sind aber zu faul.

Am nächsten Tag reist das Pärchen, das sich die Terrasse mit uns geteilt hat, ab, und ich frage nach, ob ihnen der Scheißegeruch nicht zu schaffen gemacht habe. Sie hätten keinen bemerkt da hinten am Rand. Genial. Ich sichere uns ihren Platz an der Rezeption, und von nun an haben wir die gesamte Terrasse für uns, und weil ich jeder ankommenden Familie zuallererst einmal von der Kläranlage berichte, bleibt das auch so.

Wir können uns ausbreiten, bauen einen Sichtschutz zu der einzigen einsichtigen Seite hin und haben von nun an das Gefühl, unser eigenes kleines Reich zu bewohnen.

Das wird hier immer besser.

Tag 22

Hilfe

Heute Morgen bin ich mit einem Gedanken aufgewacht. Ich scrolle durch meine Instagram-Timeline und sehe, wie viele meiner Bekannten, die von und auf der Bühne leben, langsam etwas verzweifelter werden. Allen ist mittlerweile klar, dass man im Herbst nicht wird auftreten können. In einigen Städten wird es die Möglichkeit geben, unter massiven Einschränkungen die ein oder andere Show zu spielen, aber wer einigermaßen realistisch denkt, weiß, dass es nur eine Frage der Zeit ist, bis man das ganze Land wieder schließt. Und das ist beschissen für auftretende Menschen, klar.

Aber weil der Lärm um dieses Thema immer lauter wird, gibt es in den meisten Bundesländern eine Art Hilfe für Künstler*innen. Wer hingegen komplett auf der Strecke bleibt, sind all die Menschen, die hinter der Bühne arbeiten. Veranstalter*innen, Licht- und Tontechniker*innen, Garderobenarbeiter*innen, Barmenschen, Einlassverantwortliche und und und.

Eine Menge der Läden, in denen wir getanzt, gesungen, geslammt, gelacht und gefeiert haben, werden diese Krise nicht überstehen. Und ich stehe machtlos daneben. Ich werde das nicht ändern können. Aber ich kann zumindest *etwas* dagegen tun.

Mein erster Gedanken nach dem Aufwachen heute war: Ich mache in Eigenregie ein Extra-Special, zeichne es auf, verkaufe es und spende das Geld an die Läden, in denen ich im Herbst nicht auftreten kann.

Ich denke kurz darüber nach, bis das Baby aus dem Bus klettern will, gehe raus mit ihm, mache mir einen Kaffee und ihm eine gemuste Banane. Der Junge und das Mädchen stehen ebenfalls auf und spielen friedlich auf dem Teppich, was mir die Möglichkeit gibt, in der Sonne sitzend weiter darüber nachzudenken und meiner Agentur zu schreiben.

Neben der ganzen Spendensache, die natürlich dazu führt, dass man sich selbst generös vorkommt und der Milderung des schlechten Gewissens, nicht in den Läden aufzutreten, die – wenn auch in sehr verminderter Form – Auftritte stattfinden lassen wollen, um wenigstens ein wenig Geld in alle Taschen fließen zu lassen, geht es vor allem um eines: Ich hätte etwas zu tun.

Ich hätte irgendetwas, worauf ich hinarbeiten könnte. Dieses Gefühl der absoluten Nutzlosigkeit könnte betäubt werden. Der Gedanke wärmt mich nicht weniger als die Morgensonne, und ich kann es kaum erwarten, meiner Frau davon zu erzählen.

Ehrlich gesagt, weiß ich gar nicht, warum die Zeit hier so viel schöner ist als auf dem letzten Platz.

Unser Tagesablauf hat sich nicht wirklich verändert. Meine Frau bringt mir das Baby, kurz danach kommen die anderen beiden Kinder, und wir hängen rum. Irgendwann steht meine Frau auf und wir frühstücken. Dann gehen wir an den Strand oder an den Pool, baden bis zur Mittagszeit – ich lege das Baby in der Trage hin, was mir die Chance gibt, eine Stunde lang zu lesen. Wir essen Mittag, die beiden Großen machen eine Pause, in der der Junge irgendein Hörbuch zum dreißigsten Mal hört, und wir lesen abwechselnd dem Mädchen vor. Nachmittags gehen wir wieder an den Strand oder in den winzigen Pool, den die Kinder lieben, weil man da a) besser tauchen kann und b) kein Salzwasser in die Augen bekommt.

Irgendwann gibt es Abendessen, die Kinder spielen noch ein bisschen, gehen ins Bett. Meine Frau und ich lesen, unterhalten uns über irgendetwas und gehen schlafen oder versuchen, möglichst leise Sex zu haben. Und das war's.

Also woran liegt es, dass ich glücklicher bin? Ich könnte jetzt sagen: »Die Kinder sind einfach viel entspannter!« Und schon während ich diesen Satz denke, weiß ich, dass das auch vor allem daran liegt, weil ich selbst entspannter bin. Die Kinder und allen voran der Junge sind ein menschlicher Spiegel meiner eigenen Stimmung.

Bin ich friedlich, ist er es meistens auch, bin ich angespannt, rastet er aus. Ich weiß das – aber das macht es ja nicht einfacher. Zumindest arbeite ich daran. Ein paar Jahre habe ich es alleine versucht, bis mir klar wurde, dass ich Hilfe brauchen werde dabei. Also habe ich mich um einen Therapieplatz bemüht. Dass das eine gute Idee ist, war mir schon lange klar. Dass es jetzt dringend wird, habe ich an einem ganz bestimmten Punkt gemerkt.

Es war eine Zeit, in der ich sehr viel gearbeitet habe, extrem gestresst war, was dazu führte – wie schon hier und da erwähnt – dass ich meine Wut nicht besonders gut unter Kontrolle hatte. Ich habe keine Ahnung mehr, warum, aber ich weiß, dass ich den Jungen angebrüllt habe. Für ihn kam das aus dem Nichts. Und ich bin brüllend auf ihn zugegangen. Und da habe ich die Angst in seinen Augen gesehen und mich noch nie so schlecht gefühlt wie in diesem Moment.

In den Augen meines Sohnes zu sehen, dass er tatsächlich Angst vor mir hat, war zu viel für mich. Der erste Gedanke, den ich hatte, war: »Was, wenn er genau das jetzt in Erinnerung behält?«

Wir alle haben ja einzelne Erinnerungen an unsere frühe Kindheit. Insgesamt sind es bei mir vielleicht fünf Stück. Stell dir vor, er hat die auch, und eine davon ist dieser Moment, in dem ich brüllend auf ihn zukomme. Wie furchtbar wäre das denn?! Vor allem, weil ich schon in diesem Moment wusste, dass er nicht der Grund für diese Wut war, sondern mein eigener Stress. Der Junge hat mir nur einen Auslöser präsentiert.

An diesem Vormittag habe ich zum ersten Mal einen Therapeuten angerufen. Ich war schon seit Wochen in einem depressiven Loch gefangen, wusste nicht genau, warum, wusste, dass ich gestresst bin, aber nicht wirklich, wovon. Hatte eine Panikattacke, die mich kalt erwischte. Ich saß auf unserer Terrasse und konnte nicht atmen, hatte das Gefühl, mein Kreislauf bricht zusammen, während in meinem Kopf ein gigantischer Strudel an Gedanken tobte, den ich nicht stoppen konnte und der mich dermaßen überforderte, dass ich nichts tun konnte, außer an der frischen Luft zu sitzen und zu hoffen, dass das irgendwann wieder vorbeigeht. Es hat sich angefühlt, als wäre ich in einem wirklich schlimmen Horrortrip gefangen, ohne Drogen genommen zu haben – was ziemlich fies ist.

Als die Attacke endlich nachließ, konnte ich nicht viel mehr tun, als meiner Frau kurz davon zu erzählen, um dann mitten am helllichten Tag ins Bett zu stolpern und dreieinhalb Stunden zu schlafen.

Dass etwas kaputt ist, war mir also klar – die Angst in den Augen meines Sohnes gab den Ausschlag dafür, sich endlich

Hilfe zu holen. Und es hilft. Enorm. Es ist nicht nur der Fakt, dass ich jetzt jeden Freitag einen Ort habe, an dem ich eine Stunde lang nichts anderes tue, als mir bewusst darüber zu werden, wie ich mich fühle, warum ich mich so fühle und was ich damit anfangen kann. Alleine der Fakt, dass ich am Ende der Woche ja irgendetwas brauche, worüber ich sprechen kann, sorgt dafür, dass ich die ganze Woche über auf meine Emotionen achte. Ich will ja nicht mit leeren Händen da ankommen. Während ich also früher monatelang alles Negative verdrängen konnte, bin ich heute dazu gezwungen hinzugucken. Und das ist doch immer der erste Schritt.

Seit wir angekommen sind, brülle ich weniger, und ich glaube, das liegt auch daran, dass es in meinem Kopf leerer wird. Der Gedankendruck lässt nach, und mein Hirn lichtet sich fast so sehr, wie es der Campingplatz hier tut.

Wenn ich mit dem Baby in der Trage spazieren gehe, in der Hoffnung, dass es früher oder später ja einschlafen *muss*, fällt mir auf, dass die hintere Hälfte des Platzes in diesem Jahr so gut wie gar nicht besetzt ist. Statt einer endlosen Aneinanderreihung von Zelten, Bussen und Wohnmobilen ist dort nichts als Olivenbäume, die niemandem Schatten spenden außer den alleingelassenen Stromkästen.

Wenn ich mir dann vorstelle, dass sich sämtliche Inhaber*innen dieser sonst voll ausgenutzten Standnummern zusammen hier tummeln, bekomme ich vorsorgliche Platzangst. Ich wüsste nicht einmal, wie diese Leute auf den winzigen Strand passen sollen. Er umringt die Anlage an der Seeseite einmal und besteht aus vielleicht drei Metern Steinfläche, bis das warme Mittelmeer schon auf einen wartet. Das ist in diesem Jahr genug Fläche für alle, in anderen Jahren müsste man sich hier übereinanderstapeln.

Normalerweise würde ich auch bemängeln, dass hier alles etwas zu aufgeräumt und angelegt wirkt. Die Straßen sind geteert, die Gehwege (es gibt Gehwege!) hübsch mit Steinen der Insel verlegt. Was an Vegetation da ist, scheint geplant und meistens gepflanzt worden zu sein. Normalerweise bin ich kein Fan davon. Normalerweise will ich irgendwo stehen, wo die Natur die Natur ist und man alles andere in sie hineingebaut hat, unter Kompromissen und hier und da etwas unpraktisch – aber wie soll man ein Waschhaus auch perfekt symmetrisch hinbekommen, wenn da überall Bäume wachsen, die man nicht antasten will.

In diesem Jahr aber bin ich dankbar dafür, dass die Außenwelt aufgeräumt wirkt, wenn schon meine Zukunftspläne alle durcheinander geworfen wurden. Wenn ich keine Ahnung habe, wo mein eigener Weg mich hinführt, kann doch wenigstens der Bürgersteig, auf dem ich laufe, gefegt sein.

In diesem Jahr bin ich selbst dankbar für den Pool, obwohl er mich in jedem anderen Jahr stören würde. Normalerweise würde ich mir maximal bescheuert vorkommen, an einem Pool zu sitzen und dabei auf das Meer zu schauen. Das ist ja kein Scheißkluburlaub hier.

Aber in diesem Jahr bin ich einfach nur froh, dass man rund um die Uhr eine Anlaufstelle hat, zu der die Kinder unbedingt möchten und wo sie sich dann alleine beschäftigen, während ich in einem Liegestuhl liegen und meinen Gedanken nachhängen kann. Sobald man gecheckt hat, wann es Stoßzeiten gibt (und die gibt es hier nicht sehr oft), versteht man, wann man am besten kommen muss, um einen der begehrten

Plätze in den Liegestühlen zu ergattern. Durch Corona ist der Zugang beschränkt. ABER: Wenn man einmal drin ist, ist man drin. Im besten Fall kommen wir also um zehn vor zehn, also kurz, bevor er öffnet und bleiben dann bis Mittag, oder direkt um vierzehn Uhr, wenn die meisten Familien noch pausieren.

Wenn es nicht diese Corona-Beschränkung gäbe, wäre das Becken komplett überfüllt mit Menschen. Jetzt liegt das Limit bei zwanzig Personen, von denen in den meisten Fällen zehn bis zwölf Eltern sind, die selbst kein Interesse haben, ins Wasser zu steigen. Bedenklich ist also meistens nicht die Personenanzahl im Wasser, sondern der Punkt, dass es nur neun Liegestühle gibt, was zu heftigen Verteilungskämpfen führen kann.

Und so vergehen die Tage. Meine Stimmung hellt sich weiter auf, und die Panik flacht ab. Vielleicht liegt es an der fortschreitenden Urlaubszeit. Bestimmt auch daran, dass ich einen Plan für wenigstens ein Projekt in der Zukunft habe. Ich kann meiner Agentur schreiben, kann über Inhalte, Abläufe und Strukturen einer Show nachdenken – was zwar auch Arbeit ist, aber es löst diesen undefinierbaren Knoten im Kopf, der entsteht, wenn ich nonstop nachdenke, ohne irgendein Ziel für diese Gedanken zu haben.

Vielleicht liegt es auch daran, dass ich wenigstens einen Beitrag bei Instagram hochlade, der mir selbst gut gefällt, ohne darüber nachzudenken, wie ihn andere finden.

Über den ich selbst so sehr lachen muss, dass es mir ein gutes Gefühl macht – was mein ursprüngliches Ziel war, als ich diese App zum ersten Mal installierte. Ich wollte es nie zu etwas werden lassen, was mich stresst, sondern mich einfach nur ausprobieren und lustige Sachen entwickeln, die mir selber gut gefallen – ohne darauf zu achten, wie der ganze Rest der Welt das findet. Aber ich bin in die gleiche Falle getappt, wie so viele andere vor mir.

Wenn irgendwann genug Leute zugucken, macht man eher das, was den Zuschauenden gefällt, weil man deren Urteil zu ernst nimmt und es zum Job wird. Und dann behauptet man in Interviews weiterhin, man achte da *gar nicht* drauf, was andere sagen! Du, es ist vor allem wichtig, dass ich selbst Spaß habe, und ich will da keine Wünsche von außen bedienen – und in den allermeisten Fällen ist das gelogen.

Ich denke also zum ersten Mal seit Ewigkeiten darüber nach, ob mir etwas einfällt, was *mich* zum Lachen bringt, während ich es aufnehme, anstatt mich zu fragen, was *andere Leute* zum Lachen bringen könnte. Und dann merke ich, dass mir nichts einfällt. Und dann lasse ich es einfach für den Rest des Tages. Weil ich es akzeptieren kann, mich selbst heute nicht zum Lachen zu bringen und es einfacher ist zu akzeptieren, *eine* Person nicht zu amüsieren, statt *alle anderen da draußen.* Und das sorgt dafür, dass ich mich weniger gestresst fühle.

Und natürlich helfen die Gespräche mit meiner Frau. Die helfen eigentlich immer. Natürlich reden wir nicht nur über mich. Als Elternpaar gehen einem die Themen ehrlich gesagt nie aus. Jedes einzelne der Kinder bringt immer wieder neuen Stoff. Man kann sich täglich, manchmal auch stündlich darüber austauschen, welches kleine Familienmitglied jetzt gerade was am nötigsten hat. Wer ist heute wie gelaunt? Braucht einer der drei vielleicht eine Extrabehandlung? Gibt es neue weltbewegende Veränderungen wie Ich-kann-ab-jetzt-puzzeln-und-deswegen-muss-ich-das-täglich-mindestens-eine-Stunde-lang-machen-ansonsten-gehe-ich-abends-nicht-ins-Bett, die es nötig machen, Tagesabläufe zu ändern? Manchmal sind es aber auch nur Spleens, die dem einen auffallen und über die man sich dann lachend austauschen kann.

Das Mädchen besteht zum Beispiel seit Neuestem darauf, immer einen Badeanzug zu tragen. Was absurd ist, weil sie quasi nackt zum Strand geht und dann will, dass man sie dort anzieht.

Insgesamt fällt mir auf, dass sich ein gewisses Bild einzuschleichen beginnt, wie Mädchen in ihren Augen auszusehen und sich zu verhalten haben. Meine Frau und ich versuchen, diese Stereotype so weit wie möglich von unseren Kindern fernzuhalten, aber das bringt nur bedingt etwas, wenn alle anderen Einflüsse von außen bleiben. Natürlich guckt sich meine Tochter nicht bei mir ab, wie man anscheinend als Mädchen auszusehen hat – warum auch? Sie braucht sich nur ein bisschen umzuschauen und entdeckt Dutzende kleine Wesen in Tüllkleidern und rosa Flip-Flops, die ausschließlich mit Puppen spielen und sich um ihre »Babys« kümmern.

Versteh mich nicht falsch, wenn sie mit Puppen spielen und rosa Kleider tragen will, weil das ihr eigener Wunsch ist – auf jeden Fall! Zieh durch und tu, was immer dich glücklich macht.

Wenn der Wunsch aber nur dadurch zum Tragen kommt, dass sie ihre Umwelt scannt und den Eindruck erhält, man habe das zu tun, um in einer bestimmten Gruppe dazugehören zu können, dann ist das scheiße.

Und weil die Kinder in dem Alter nicht die geringste Ahnung haben, woher dieser Wunsch kommt, gucke ich von außen viel zu besorgt dabei zu und mache mir meine eigenen, oft zu bedeutungsschwangeren Gedanken dazu. Ich habe ja auch keinen Bock, dass mein Sohn anfängt, automatisch Fußball zu spielen und sich für Bagger interessiert, nur, weil er meint, Jungs hätten automatisch so zu sein, obwohl er eigentlich überhaupt keinen Spaß daran hat.

Ihr größter Wunsch zu ihrem Geburtstag, der mit unserem Abreisetag zusammenfallen wird, ist eine Badepuppe. Sprich: eine Puppe, die man mit ins Wasser nehmen kann, ohne sie danach stundenlang von außen und vor allem von innen trocknen zu müssen.

Haben wir sie mit dem Thema Puppen in Kontakt gebracht, weil man sich um die Dinger kümmern kann und dadurch bestmöglich auf die Rolle als Frau in unserer Gesellschaft vorbereitet wird, die darin besteht, brav zu Hause zu bleiben und sich um Mann und Kinder zu kümmern? Ich denke, meine Formulierung dieses Satzes beantwortet die Frage ganz gut.

Ich versuche ja auch, meine eigenen Vorstellungen und Ängste für mich zu behalten, damit sie sich so frei wie möglichst selbst entwickeln kann, aber ich kann die Angst nicht leugnen, dass ihr wie so vielen anderen jungen Mädchen und Frauen ein Stempel für Weiblichkeit aufgedrückt wird, den ich für toxisch, deprimierend und gefährlich halte.

Zum Glück erscheint mir ihr Charakter so unbeschreiblich stark, dass ich mir sicher bin, dass sie sich zu dem entwickeln wird, was sie glücklich macht – ganz egal, wie viele Klötze ihr die Gesellschaft vor die Füße wirft. Wenn Rosa nur ihr Ding ist, um wie die anderen Mädchen auszusehen, dann wird sie das irgendwann ablegen. Und wenn nicht, dann eben nicht. Mir war schon klar, dass ich früher oder später in diese Welt eintauchen muss. Das passiert wahrscheinlich ganz automatisch, wenn man eine Tochter hat.

Ich habe immer gehofft, auch eine Tochter zu bekommen – viele Eltern antworten auf die Frage, welches Geschlecht sie sich erhoffen mit: »Du, das ist mir ganz egal – Hauptsache gesund.« Und ich weiß auch, dass das Geschlecht eines Menschen komplett egal sein sollte und es einen Menschen weder definiert noch kategorisieren sollte.

Aber ich wollte ein Mädchen, warum auch immer mir das wichtig war. Und als die Nachricht kam, dass unser zweites Kind ein Mädchen werden würde, war ich tatsächlich ein bisschen erleichtert. Dann müsste ich bei dem dritten nicht mehr darauf hoffen und wäre am Ende noch enttäuscht, dass ich drei Söhne hätte. Oder wir hätten immer weitermachen müssen, bis als neuntes oder zehntes endlich kein winziger Pimmel mehr an einem der unzähligen Säuglinge hin- und herdengelt, die meine Frau bis dato produzieren musste.

So viele Geburten hätte meine Frau nicht mehr mitgemacht, bis ich endlich zu meiner Tochter gekommen wäre.

Auch die Geburt des Mädchens war nicht besonders einfach, deswegen gilt auch hier: Überspringe den Kasten, falls du nur positive Berichte lesen möchtest.

Geburt Nummer 2

Das Thema Hausgeburt war nach der vorherigen Erfahrung erst einmal abgehakt für uns. Man kann jetzt aber auch nicht behaupten, dass das Krankenhaus unbedingt Bock auf mehr gemacht hat. Also suchten wir uns den Mittelweg aus – ein Geburtshaus. Gemütliche Räume, mehrere Hebammen, die immer in Bereitschaft stehen, falls Rat oder Hilfe nötig sind, und eine professionelle, aber schöne Atmosphäre. Klingt an sich doch erst einmal fantastisch.

Am Tag der Geburt weckte meine Frau mich früh morgens, weil ihre Fruchtblase geplatzt war. Wir standen auf, packten die Sachen zusammen, übergaben den Jungen meiner Schwägerin, die extra dafür bereitstand, und machten uns auf den Weg.

Die Wehen kamen noch schneller und heftiger, als bei der Geburt des Jungen, und meine Frau brüllte stundenlang vor Schmerz. Die Hebammen wirkten – und es tut mir leid, das hier schreiben zu müssen – nicht weniger hilf- und tatenlos als ich. Da wurden ab und zu mal ein paar Kügelchen gegeben und ein Mantra aufgesagt, dass man die jeweilige Wehe verabschieden solle, aber sehr viel mehr kam da auch nicht. Was niemanden davon abhalten sollte, sein Baby in einem Geburtshaus zu bekommen. Sämtliche unserer Freund*innen waren da, alle Geburten liefen toll und schön und einfach ab. Unsere nicht.

Bei meiner Frau brachten all die Schmerzen leider gar nichts – der Muttermund verfiel nach fünf Zentimetern in einen Stillstand und blieb einfach, wie er war.

Nach zehn Stunden wollte meine Frau einfach nur noch ins Krankenhaus, und wir fuhren ab.
Der Schock blieb diesmal aus – das alles kannten wir ja schon und innerlich machte ich mich auf den nächsten Kaiserschnitt gefasst.
In dem katholischen Krankenhaus angekommen, sollte eine PDA gemacht werden, dummerweise konnte ich die Krankenkassenkarte meiner Frau nicht finden, geschweige denn, ihren Mutterpass. Scheinen ja recht wichtige Dokumente zu sein, vor allem kommen sie dann zum Tragen, wenn man einer Patientin ein schweres Schmerzmittel in den Rücken spritzen möchte. Ohne Karte geht das wohl nicht. Habe ich mir sagen lassen. Wusste ich ja eigentlich auch, deswegen war ich mir sicher gewesen, ich hätte die auf jeden Fall eingepackt – aber Pustekuchen. Während meine Frau übergangsweise mit Lachgas gefüttert wurde, telefonierte ich also unsere Freunde ab und organisierte eine Art Lieferdienst, der uns zumindest den Mutterpass ins Krankenhaus bringen konnte – die Krankenkassenkarte blieb weiterhin verschollen.
Irgendwann kam die Stationshebamme zu uns, untersuchte meine Frau, die an ihrer Atemmaske wegzudämmern begann, noch einmal und meinte: »Ach, Mensch! Der Muttermund ist jetzt offen. Ich hole mal eine Ärztin, und dann kommt ihr Kind gleich.«
Fucking what?! Da hatte hier keiner mehr mit gerechnet, am wenigsten meine Frau. Ärztin und Hebamme berieten sich kurz und wiesen meine Frau dann an, das Lachgas mal etwas runter zu reduzieren, damit sie einigermaßen bei Sinnen wäre, wenn die Presswehen gleich anfingen.

Ohne das Gas kamen die Schmerzen zurück, und meine Frau brüllte wie am Spieß. Die katholische Hebamme war recht … robust ist wahrscheinlich eine positive Beschreibung. Sie schnauzte meine Frau an. Man könne ja gerne ein bisschen schreien, aber jetzt solle sie sich mal zusammenreißen, hier wären schließlich noch andere Patient*innen, und jetzt sei mal gut. Wichtiger sei es, richtig zu atmen, dann müsse man auch nicht schreien. Sie machte es meiner Frau vor, und meine Frau gehorchte einfach. Und es half. Atmen. Das war alles. Wenn das auch nur eine der Hebammen in diesem Geburtshaus angebracht hätte – wir hätten uns eine Menge ersparen können.

Die Schmerzen waren immer noch heftig, aber mit einiger Anstrengung wurde unsere Tochter auf natürlichem Wege geboren. Zuerst atmete sie etwas schwach, und es zerriss mich beinahe, bis nach zehn Minuten endlich der erlösende Schrei kam, der signalisierte, dass alles in Ordnung war. Wir nahmen sie noch am selben Abend mit zu uns nach Hause. Beim Zusammenpacken der Sachen fand ich die Krankenkassenkarte meiner Frau im Rucksack – ha! Ich bin also doch nicht so unverantwortlich wie hier alle dachten! Natürlich habe ich die Karte eingepackt! Ich habe sie halt nur nicht gefunden, als man sie dringend gebraucht hätte.

Schwamm drüber. Kind gesund – alles gut.

Tag 22, abends

Nackt

»Vielleicht sollten wir noch ein viertes Kind bekommen.«

Meine Frau und ich reden viel miteinander, mittlerweile sogar »beruflich«. Wir haben einen eigenen Podcast. Zu Beginn von Corona, als die erste Panik einsetzte, irgendwann pleite zu gehen, habe ich mich bei einer dieser Internetseiten angemeldet, auf denen Fans ihre Lieblingskünstler*innen finanziell unterstützen können und dafür Extrainhalte bekommen.

Auf die Idee, einen gemeinsamen Podcast zu starten, in dem wir über uns, unsere Ehe und manchmal auch die Kinder sprechen, ist meiner Frau gekommen, soweit ich mich erinnern kann.

Seitdem sitzen wir also einmal die Woche zusammen und reden. Es ist auch abseits davon, dass wir mittlerweile unsere Miete von diesem Podcast bezahlen können (also wortwörtlich. Wenn man die Steuer, den Agenturanteil und die Gebühren für die Seite und den Bezahldienst abzieht, bleibt ziemlich exakt eine Summe übrig, die den Abtrag für unser Haus bezahlt – was der Wahnsinn ist!) eine tolle Sache, sich einmal die Woche hinzusetzen und eine Dreiviertelstunde über ein Thema zu reden. Wir sind ziemlich ehrlich in diesem Podcast – was wahrscheinlich daran liegt, dass er, vor allem in den ersten Monaten, eher für uns persönlich war und ohne den Hintergedanken, dass auch andere ihn hören können. Wir haben uns tatsächlich einfach hingesetzt und über etwas gesprochen, das in unserer Beziehung momentan eine Rolle spielt.

Wenn der Anlass ein finanzieller ist, auch gut – so oder so habe ich gemerkt, dass fest eingeplante Gespräche dabei helfen, das Gegenüber nicht so sehr aus den Augen zu verlieren. Die Gefahr gibt es ja immer wieder.

Mal ist die eine Seite eingegraben in Arbeit, mal hat die andere viel mit ihrer Ursprungsfamilie oder irgendeinem Erlebnis zu tun, und ehe man sich versieht, ZACK!, hat man zwei Wochen aneinander vorbeigelebt.

Auch kein Drama. Aber die Nähe innerhalb einer Ehe ist ein bisschen wie eine kalte Lasagne im Backofen – wenn man sie zu lange nicht beachtet und vergisst, wird sie irgendwann zu einem Problem.

Weil meine Frau jetzt das gleiche schlechte Gewissen entwickelt, das ich seit jeher habe, wenn man den zahlenden Fans nichts liefert, nehmen wir auch in diesem Urlaub weiter brav unsere wöchentliche Folge auf. Nur ist es hier ein bisschen entspannter. Zu Hause bedeutet das, einen freien Abend aufzugeben, den man sonst anders nutzen könnte, für die Uni oder die Arbeit oder was auch immer.

Hier ist jeder Abend frei – was macht da einer mehr oder weniger schon aus. Die Gespräche helfen mir dabei, über meinen Scheiß nachzudenken, vor allem, weil mein Therapeut nicht mit nach Kroatien gefahren ist. Wäre natürlich der Hammer gewesen, wenn er ein kleines Zelt am anderen Ende des Platzes aufgestellt hätte, nur, damit ich keinen Freitag meinen Termin bei ihm verpasse.

Jetzt muss also meine Frau seinen Platz einnehmen, und sie steckt immer wieder voller Überraschungen.

»Vielleicht sollten wir noch ein viertes Kind bekommen.«

Das ist also ihre Einleitung heute. Ob sie wahnsinnig ist, will ich von ihr wissen. Da fällt sie doch tatsächlich auf den ältesten Trick der Welt rein und denkt im Urlaub: »Es ist doch im Moment so entspannt mit den Kleinen, lass uns doch noch eins machen!«

Ja, klar. Natürlich ist es gerade entspannt mit den Kindern – wir sind ja auch im Urlaub. Weder meine Frau noch ich arbeiten, wir haben keinerlei alltägliche Verpflichtungen, niemand muss pünktlich irgendwo sein, und wir sind konstant draußen, weil es megawarm ist.

Nichts davon ist von Dauer.

Sobald wir wieder zu Hause sind, werde ich noch viel mehr arbeiten müssen als in der Vergangenheit, weil nichts mehr sicher ist. Ich habe noch nicht die geringste Ahnung davon, was ich arbeiten werde – aber irgendetwas finden werde ich wohl müssen. Drei Kinder zu managen ist schon eine ziemliche Aufgabe, vier klingt wie die Hölle. Und wenn man dann noch bedenkt, dass unser Haus keine hundert Quadratmeter groß ist, stellt sich am Ende auch schlicht und ergreifend die Platzfrage.

Außerdem kommt ein für mich wichtiger emotionaler Punkt dazu: Das war nicht der Deal. Nach drei Kindern kaufe ich einen Hund. Das war der Deal!

Ich habe nicht die geringste Ahnung, ob ich ein Hundemensch bin, und die Gefahr ist groß, dass ich zwischendurch bereuen werde, einen gekauft zu haben. Und natürlich sind mir alle Fakten, die gegen einen Hund sprechen bekannt – Urlaube werden komplizierter, am Anfang sind sie nicht weniger aufwendig, als ein kleines Kind, du musst von da an immer noch ein Lebewesen mehr bedenken, welches du noch weniger alleine lassen kannst als die Kinder, Hunde stinken, wenn sie alt sind, werden sie krank, sie sterben, und dann ist man traurig – keine Angst, ich bin nicht naiv und kenne all die Gründe dagegen, meine Frau zählt sie mir jedes Mal wieder auf, wenn ich anfange, von einem Hund zu sprechen. Aber wenn ich ganz ehrlich bin, geht es auch nicht nur darum, einen Hund zu besitzen – es geht um mehr.

Ich will mein eigenes Lebewesen haben. Irgendetwas, das sich hauptsächlich auf mich bezieht, und zwar vor allem auf mich.

»Aber du hast doch Kinder, Moritz!«

Nein. Nicht *ich* habe Kinder. Meine Frau und ich haben Kinder, und weil meine Frau diese Kinder gestillt hat und immer zu Hause war, während ich jeden Monat mindestens eine Woche lang weg war, sind das mehr ihre Kinder als meine.

Natürlich haben die Kinder eine andere Bindung zu meiner Frau als zu mir. Natürlich ist sie die erste Ansprechperson, wenn sie sich wehtun, müde sind, ins Bett gebracht werden wollen oder dringend kuscheln müssen. Ich werfe das niemandem vor. Ich merke nur, dass es mir extrem schwerfällt, das zu akzeptieren. Ab und zu fühle ich mich, als würde ich neben dieser Gruppe stehen, anstatt wirklich dazuzugehören. Das sind seltene Momente, aber nicht so selten, als dass ich sie ignorieren könnte. Wären unsere Familienmitglieder Möbel, wäre ich ein Beistelltisch.

Das liegt nicht nur an der jetzigen, sondern natürlich auch an meiner Ursprungsfamilie – auf jeden Fall sorgt es dafür, dass ich einen Hund will.

Und ein viertes Kind ist kein Hund und damit eine Verletzung unseres Deals.

Ich will damit nicht sagen, dass meine Kinder keinen Bezug zu mir haben und ich wie ein Fremdkörper leise durch das Haus schleiche. Vieles wurde auch allein durch die Jahre besser. Am Anfang war es definitiv schwerer als jetzt.

Ich weiß noch sehr gut, wie ich zu Beginn in eine Art Panikmodus verfallen bin, wenn ich alleine auf den Jungen aufpassen musste.

Meine Frau hatte zum Beispiel ein mehrwöchiges Praktikum zu absolvieren, als der Junge zehn Monate alt war, was bedeutete, dass ich acht Stunden am Tag mit ihm alleine war. Schon Tage vorher war ich nervös, habe mir Horrorszenarien ausgemalt, wie ich stundenlang mit meinem brüllenden Sohn durch die Wohnung wandere, bis mich meine Frau um sechzehn Uhr endlich erlöst.

Tatsächlich aber waren diese Wochen der Hammer. So holprig die ersten Tage waren, so gut hat es unserer Beziehung und meinem väterlichen Selbstbewusstsein getan, hauptverantwortlich für dieses Kind sorgen zu müssen.

Aber ich musste auch merken, dass es für mich nicht natürlich war, mich alleine um ihn zu kümmern – ich war aufgedrehter, habe nonstop versucht, ihn zu entertainen und bei Laune zu halten. Habe die Augen nicht von ihm gelassen, falls er Anzeichen von Sehnsucht nach seiner Mutter zeigt und ich ihn ablenken muss, und war einfach nicht in der Lage, mich zu entspannen. Am Ende des Praktikums hatten wir einen gemeinsamen Rhythmus, waren ein Team.

Kurz danach war aber wieder alles beim Alten, und ich stand wieder öfter am Rand.

Bei dem Mädchen war das schon ein bisschen anders. Als sie zur Welt kam, war meine Frau ja quasi schon besetzt von einem anderen Kind, und ich war frei. Das hat mich mehr in den Fokus meiner Tochter gerückt, wenn auch nicht so sehr, dass ich die erste Ansprechperson gewesen wäre.

Heute ist es für mich zumindest völlig normal und alltäglich, alleine auf die Kinder aufzupassen – das meine ich, wenn ich sage, dass vergangene Jahre helfen. Weder gibt es einen Panikmodus, noch fehlt mir die Fähigkeit, mich zu entspannen. Wenn ich mir den Unterschied zu meinem Gefühl am Anfang meiner Vaterschaft bewusst mache, empfinde ich so etwas wie Stolz. Drei Kinder alleine um sich herum zu haben ist eine Aufgabe – und ich bin ihr gewachsen.

Und das bedeutet schon was.

Ich glaube, Menschen ohne Kinder machen sich keine Vorstellung davon, was es zum Beispiel bedeutet, drei Kinder zeitgerecht in den Kindergarten zu bringen. Ich hasse jeden einzelnen Morgen, an dem ich um eine bestimmte Uhrzeit irgendwo sein muss. Weil das alles beeinflusst! Wann stehen die Kinder auf? Muss ich eventuell sogar eins wecken? Was für eine absurde Situation! Ein drei Jahre altes Mädchen zu wecken, weil es zeitliche Verpflichtungen hat – geht's noch?! Ich würde sie, ehrlich gesagt, einfach schlafen lassen und auf den Kindergarten scheißen, aber sie will ja unbedingt da hin.

Und dann ist es völlig egal, ob wir eine Stunde Zeit haben, eineinhalb oder zwei – am Ende wird es immer knapp. Was vor allem daran liegt, dass wir recht gegenteilige Vorstellungen von

Zeit und Prioritäten haben, und man den beiden Großen alles mindestens sechsunddreißigmal sagen muss, bevor es überhaupt in ihren Verstand eindringt. Ich weiß, dass das keine Absicht ist. Dass die beiden einfach nur träumen und auf dem Weg spannendere Dinge finden, die ihnen hundertmal wichtiger erscheinen, als alles, was ich aufgetragen habe – natürlich! Alles, was ich von ihnen fordere, macht ja auch keinen Spaß.

Ich kann das schon verstehen, aber es nervt. Es nervt gewaltig. Es bringt mich regelmäßig an den Rand der Verzweiflung, die immer gleichen Sachen immer und immer wieder zu sagen. »Zieht euch bitte mal eure Klamotten an. Eure Klamotten. Zieht euch die bitte mal an. Du kannst so nicht frühstücken, das ist viel zu kalt. Zieht euch mal an bitte. Diggi, zieh mal bitte deinen Schlafanzug aus und deine Klamotten an. Guckt mal, ich hab das da alles schon hingelegt, zieht das mal bitte an. Deine Klamotten, Junge. Zieh die bitte mal an. Wir schaffen das sonst alles nicht mehr rechtzeitig. Guck mal, da liegt alles. Auch die Hose. Du brauchst eine Hose, wir haben drei Grad draußen. Zieh die bitte mal an. Doch, du brauchst Socken. Weil

Pläne für einen Kindergartenmorgen – mein Plan

Kind zieht sich an. Kind frühstückt. Kind geht in den Kindergarten.

Plan der Kinder

Kind liegt nackt vor dem Ofen.

Kind liest ein Buch.

Kind baut eine Höhle.

Kind liest noch ein Buch.

Kind baut einen Turm.

Alle Kinder spielen Pferd.

Kind will Mama wecken, damit sie ihm ein Buch vorliest.

Kind isst Eis.

Kind badet.

Kinder machen Kissenschlacht.

Wir teleportieren uns in den Kindergarten, wo die Kinder nackt mit ihren Freund*innen spielen.

du sonst Blasen an den Füßen bekommst, und die werden kalt. Da vorne habe ich die hingelegt. Guck einfach hin. Du guckst genau drauf. Vor dir! Du stehst direkt auf ihnen drauf, Diggi! Super, und jetzt kommt bitte essen. Was möchtest du, Brot oder Müsli. Müsli, okay. Dann iss das bitte. Iss das mal bitte. Du musst anfangen zu essen, Mädchen, bitte. Fang doch mal bitte an zu essen, wir haben nicht mehr ewig Zeit. Den Löffel in den Mund und dann kauen. Fangt mal bitte an zu essen. Leg mal das Buch weg bitte, wenn du liest, isst du nicht. Wo willst du denn jetzt hin? Nein, lass das – du kannst beim Essen doch sowieso nicht puzzeln. Fang mal an zu essen jetzt, bitte. Das Müsli, das ich dir gemacht habe. Ich hab aber jetzt keinen Bock, noch ein Brot zu machen – deswegen habe ich dich ja extra vorher gefragt, was du essen möchtest. Nein. Iss doch einfach das Müsli. Jesus! Dann hol das alles her und schmier dir selbst ein Brot. Okay, gib her, das dauert ja ewig – so kommen wir nie los. Hier. Dann iss das jetzt bitte. Fang. Mal. Bitte. An. Zu. Essen! Wir wollen los! Okay, scheiß drauf, ich packe es ein, und dann isst du das im Auto. Oder auch nicht! Ist mir ehrlich gesagt scheißegal. Dann hab halt Hunger im Kindergarten, sollen sich die Erzieher*innen darum kümmern. Geht bitte schon mal nach vorne und zieht eure Jacken und die Schuhe an, ich wickel das Baby noch. Hört auf zu streiten. Leute, bitte nicht streiten! Was macht ihr denn da drüben?! Warum weint sie? Ich komme sofort. Bleib mal bitte liegen, Baby – du bist voller Scheiße. Bleib mal bitte liegen. Du verteilst das alles! Nimm die Hände weg, die sind sonst voller … meine Fresse, jetzt hast du überall Scheiße! Jetzt bleib doch einfach mal liegen! Das dauert alles tausendmal länger so! Wir wären schon längst fertig. Halt einfach kurz still. So, jetzt ab nach drüben zu den anderen. Ihr habt ja noch gar nichts gemacht, bitte zieht mal eure Jacken an. Wo sind deine Socken?! Warum hast du denn jetzt schon wieder keine Socken mehr an?! Diggi, es ist arschkalt draußen! Zieh dir deine Socken an und dann die Schuhe drüber. Wir müssen in fünf Minuten im Auto sitzen, sonst schaffen wir das nicht mehr. Zieht mal bitte eure Schuhe an. Komm her, dann helfe ich dir mit den Schuhen. Wo ist denn deine Mütze? Leute, es gibt einen Ort für die Mützen, es wäre einfacher, wenn ihr die einfach da hinlegt und nicht immer alles einfach in der Gegend rumschmeißt. Und du ziehst mal bitte deine Schuhe an. Dann nimm einfach die Mütze hier. Die ist nicht zu klein, die passt perfekt. Ich weiß nicht, wo die blaue ist. Ich kann die jetzt nicht suchen, wir müssen los. Du brauchst eine Mütze, wir haben drei Grad und es stürmt. Nimm die bitte mit, morgen kannst du wieder die blaue haben. Und du komm her, dann helfe ich dir mit den Schuhen. WARUM HAST DU DENN SCHON WIEDER KEINE SOCKEN MEHR AN!«

Ich verlasse regelmäßig unsere Auffahrt mit quietschenden Reifen, um es irgendwie noch rechtzeitig in diesen Kindergarten zu schaffen. Denn wenn du zu spät kommst, hat der Morgenkreis schon begonnen. Und da soll kein Kind reinplatzen – sehe ich ein.

Was für mich aber bedeutet, dass ich entweder eine Dreiviertelstunde mit denen vor dem Kindergarten rumhänge oder sie wieder mit nach Hause nehme, was einen Nervenzusammenbruch des Mädchens bedeutet, weil sie unbedingt in den Kindergarten will, was sie sich einfach hätte überlegen können, als sie sich zum dritten Mal die Scheißsocken ausgezogen hat!

Es ist ein Kampf. Meistens gewinne ich ihn. Aber es fühlt sich selten nach einem Sieg an.

Das geile an Campingurlauben ist doch, dass das alles hier keine Rolle mehr spielt. Niemand muss irgendwo hin, und wenn die sich morgens keine Hose, geschweige denn Socken anziehen, ist das komplett egal, weil es warm genug ist, um den ganzen Tag nackt herumzulaufen.

Natürlich fällt mir auf, dass meine Kinder die einzigen sind, die nackt über den gesamten Platz laufen. Und natürlich frage ich mich auch, ob das cool ist oder nicht.

Aber ganz ehrlich? Scheiß drauf, ob das andere im Stillen unangebracht finden – bevor sich nicht irgendwer öffentlich äußert, werde ich nicht in vorauseilendem Gehorsam meine Kinder einschränken und sie zwingen, Klamotten anzuziehen, weil das irgendwen stören könnte, wenn sie keine tragen.

Das ist etwas, das man lernen muss. Oder zumindest lernen kann, wenn man es möchte. Wann ermahne ich meine Kinder, weil ich glaube, dass sie andere stören könnten, und wann lasse ich es sein und überlasse es der entsprechenden Person, sich erst dazu zu äußern.

Wie oft kommt es vor, dass man die eigenen Kinder auf dem Spielplatz ermahnt, nur, weil man das Gefühl hat, dass alle anderen um einen herum jetzt erwarten, dass man das Kind ermahnt. Wenn das Mädchen einem anderen die eigene Schaufel nicht abgeben will, soll ich dazwischen gehen. Am besten soll ich sie noch zwingen, zu teilen. Warum? Das ist ihre Scheißschaufel, warum sollte sie die abgeben? Wenn dein Kind unbedingt auch eine Schaufel haben will, kauf ihm eine.

»Ja, aber Kinder müssen doch lernen zu teilen!« Bullshit. Kinder lernen nicht zu teilen, indem ich sie dazu zwinge, ihre Sachen, die sie eigentlich behalten wollen, an irgendwelche fremden, rotzverschmierten Kinder abzugeben, obwohl sie das nicht wollen. Dadurch lernt meine Tochter nicht teilen, sondern, dass ich stärker bin und sie zwingen kann, zu machen, was ich will.

Teilen kann sie lernen, wenn sie bei mir beobachtet, dass ich teile. Ich kann zum Beispiel eine zweite Schaufel mitnehmen, mit der ich dann spiele, und wenn ein anderes Kind die Schaufel meiner Tochter haben will, kann ich ihr meine geben. Und dann beobachtet meine Tochter das Teilen.

Noch schlimmer finde ich es, Kinder zu einer Entschuldigung zu zwingen. Als der Junge achtzehn Monate alt war, hat er einem anderen Kind Sand ins Gesicht geworfen. Einfach so. Weil er achtzehn Monate alt ist und nicht die geringste Ahnung hat, was er da tut. Die Mutter des Kindes bestand darauf, dass er sich entschuldigt und das Kind streichelt.

Geht's noch? Ganz abgesehen davon, dass wir alle wissen, dass er noch nicht in der Lage ist, Empathie zu empfinden, kannst du nicht die Hand meines Kindes nehmen und damit den Kopf deines eigenen streicheln. Hast du sie noch alle? Ich habe dann auch etwas Sand genommen und die Mutter beschmissen.

Nein, habe ich natürlich nicht. Ich habe mich um das weinende Kind gekümmert und Empathie gezeigt, damit mein Sohn das mitbekommt. Mehr kann ich auch nicht tun.

Kinder in diesem Alter zu einer Entschuldigung zu zwingen, ist kompletter Schwachsinn. Das ist ungefähr so, als würde man von einem Hund erwarten, dass er sich selbstständig einen Anzug anzieht, wenn ich Geburtstag habe. Wird nicht passieren.

Zurück zu *dem* Thema also: Auch abseits von unserem Hundedeal überrumpelt mich die Idee meiner Frau mit dem vierten Kind etwas, weil wir noch vor wenigen Wochen kurz davor waren, bei mir eine Vasektomie durchführen zu lassen.

Also nicht direkt wir – der Plan war nicht, dass sie mir abends, wenn die Kinder im Bett sind, den Hodensack öffnet, um mir mit einer rostigen Nagelschere die Samenleiter zu durchtrennen. Wir hätten da schon einen Arzt oder eine Ärztin drum gebeten. Der Termin war gemacht. Drei Wochen vor diesem Stichtag rief die Praxis an und meinte, das würde jetzt doch nicht passen, übermorgen wäre da aber noch ein Termin frei geworden.

Zu diesem Zeitpunkt war ich mitten in unserer Fernsehsendung gefangen und musste merken, dass ich bis zu dieser Operation keine fünf Minuten mehr Zeit hätte, um ein letztes Mal darüber nachzudenken. Also haben wir den Termin gecancelt, und ich bin bis heute Besitzer zweier intakter Samenleiter.

Jetzt fällt es mir wie Schuppen von den Augen: Wahrscheinlich war das der Test! Vielleicht rufen die ja jeden an und verschieben den Termin nach vorne, um ein letztes Mal zu checken, ob die Patienten das auch wirklich wollen. Wenn das so ist – Chapeau. Uns ist in diesem Moment auf jeden Fall klar geworden, dass der Wunsch, ein weiteres Kind zu bekommen, jetzt gerade absolut nicht existent ist – aber wie es in fünf Jahren aussieht? Keine Ahnung. Wenn der Kleinste auch auf einmal gar nicht mehr so klein ist und man es auf einmal vermisst, jemanden um sich herum zu haben, der ausschließlich niedlich und unbedarft ist? Wer kann ausschließen, dass wir nicht doch noch einmal Bock bekommen, so einen Gnom zu zeugen? Keiner. Und deswegen hält man sich diese Option dann doch offen.

Aber ganz ehrlich? Ich bin mittlerweile bereit, dieses Risiko einzugehen. Es gibt ja sogar eine prozentuale Chance, so eine Vasektomie wieder rückgängig machen zu können, und mit vier Kindern bin ich mir nicht allzu sicher, dass wir beide es schaffen, uns parallel zum Familienleben noch selbst zu verwirklichen.

Wahrscheinlich haben viele Männer ein Problem damit, sich unfruchtbar schnibbeln zu lassen, weil es in irgendeiner Art und Weise an ihrer Männlichkeit kratzt. Das habe ich nicht.

Seit ich Kinder habe, bin ich mir meiner Männlichkeit sehr viel bewusster. Es ist jetzt sogar einfacher, mich nackt irgendwo in der Öffentlichkeit zu präsentieren. Das klingt ein wenig so, als würde ich mich andauernd in öffentlichen Parks entkleiden, um ein wenig nackt im Laub zu spielen.

Was ich aber meine, sind Strände oder Badestellen, an denen es normal ist, nackt zu sein. Ich habe das vorher auch mitgemacht, aber tief in mir haben diese Stimmen, die dir einreden wollen, dass dein Penis vielleicht doch etwas kleiner ist als der Durchschnitt, nie aufgehört zu wispern. Erst drei Kinder haben ihnen das Maul gestopft. Meine unmittelbare Antwort auf diese Stimmen lautet mittlerweile: »Diggi, dieser Pimmel hat drei Kinder gezeugt – er ist über jeden Zweifel erhaben. Er hat seine Pflicht erfüllt, alles Weitere ist Kür.«

Tag 23

Weltenbummler

In dem Baum neben unserem Bus wohnt ein Siebenschläfer. Ich weiß nicht, warum das in dem Moment, als wir ihn entdeckten, etwas so Besonderes war. Wobei doch: Das ist nicht normal! Meinetwegen wohnen da irgendwo Marder, klar. In einem anderen Urlaub hatten wir einen kleinen Waschbären, der andauernd um unseren Bus herumschlich, okay.

Aber Siebenschläfer waren für mich Fantasiewesen. Bobo, der fucking Siebenschläfer. Für mich war das in diesem Moment so, als wäre da ein Einhorn an unserem Platz entlang galoppiert. Siebenschläfer stehen einfach nicht auf der Liste von Tieren, die normal sind für mich. Dieser hier wohnt in einem hohlen Baum, der direkt an unserem Vorzelt steht, und ich denke mindestens eine Stunde lang über den Fakt nach, dass ich ihn gesehen habe.

Es ist so ähnlich wie mit »Clockwork Orange«. Irgendwie vermittelt mir dieses Tier das Gefühl, dass es draußen eine komplette Welt gibt, die ich noch nicht kenne, und bei der ich mir nie sicher bin, ob ich sie wirklich sehen will oder nicht.

Als ich jung war, habe ich mich selbst gerne als Weltenbummler gesehen. Als jemand, der jetzt gerade zwar noch in der Schule gefangen ist, aber sobald er die Ketten der Gesellschaft sprengen kann, einfach loszieht und um die ganze Welt reist. Nur mit einem Rucksack und einem kleinen Zelt bewaffnet, jeden Tag woanders und immer frei.

Spätestens nach dem Film »Into the wild« hat doch jeder zweite Junge meiner Generation darüber nachgedacht, für ein paar Jahre einfach loszuziehen. Mit zwanzig war es dann so weit, dass ich die erste große Reise alleine unternehmen konnte.

Vier Wochen Griechenland. Der Plan war zu trampen. Weil es aber Anfang April war, wurde mir ziemlich schnell klar, dass es auf dem ganzen Weg Richtung Süden potenziell viel zu kalt sein könnte, um irgendwo zu zelten, also lieber: Nach Griechenland fliegen und dann da trampen. Ich war bis dato noch nie bewusst geflogen. In diesem Flugzeug zu sitzen und aus dem Fenster herauszusehen, wie ich über ein Meer aus Watte schwebe, war ein erhebendes Gefühl. Und dann setzten plötzlich diese Ohrenschmerzen ein. Alter Schwede, es fühlte sich an, als würde mein Gehirn versuchen, aus meinen Ohren herauszukrabbeln.

Ich fragte einen Steward um Rat, er goss mir eine kleine Flasche Weißwein in ein Glas und ließ es mich auf ex trinken. Was soll ich sagen: Die Schmerzen waren weg.

Ich landete mit einem wattigen Gefühl im Kopf, war zufrieden mit mir und der Welt, was gut war, weil ich sonst wahrscheinlich ziemlich schnell recht panisch geworden wäre.

Trotzdem wurde mir schnell klar, dass ich mich nicht gut genug auf diese Reise vorbereitet hatte.

Mein Plan war es gewesen, vom Flughafen in Thessaloniki zu dem Busbahnhof zu fahren und von da aus nach Sarti zu gelangen. Meine Eltern waren dort mit mir auf einem Campingplatz gewesen, als ich noch nicht einmal laufen gelernt hatte. Die Bilder von uns dreien nackt am Strand hatte ich mir

Hunderte Male in unserem Fotoalbum angesehen, die Gegend sah toll aus und wir alle drei so glücklich, dass ich mir das Ganze unbedingt noch einmal angucken wollte. Den Bus Richtung Bahnhof zu finden, war kein Problem, man musste ja nur den englischsprachigen Schildern folgen. Viel weiter kam ich nicht. »Du kannst kein Griechisch, Moritz. Das war dir ja klar. Und das ist ja auch okay. Aber bist du wirklich nicht einmal auf die Idee gekommen, dass die hier komplett andere Buchstaben haben als zu Hause? Diggi, du kannst nicht ein einziges Schild entziffern, seit du vom Flughafen weg bist! Es ist stockdunkel draußen. Niemand hier spricht Englisch!«

In meiner Panik fing ich irgendwann an, angestrengt auf die Stationsansagen zu lauschen, um zu entziffern, ob irgendeine nach so etwas wie »Busbahnhof« klingt. Aber nein. Jedes Wort der freundlichen Computerstimme klang für mich so, als würde mir ein kleiner Troll in seiner Sprache erzählen, dass er mit einem Wildschwein gekämpft hat.

»Σκότωσα το αγριογούρουνο και του έβγαλα το τρίχωμα. Εκεί στην αριστερή πλευρά είναι ένα εμπορικό κέντρο.« *

Es muss eine Übersprungshandlung gewesen sein, dass ich spontan einfach in einen Bus ein- und irgendwo ausgestiegen bin. Und dann saß ich da. Panisch angetrunken irgendwo in Thessaloniki, völlig überfordert damit, alleine zu sein, und den Tränen nahe. Irgendwann hielt ein Taxi neben mir, und ein netter alter Mann fragte mich, ob alles okay sei. Zumindest glaube ich, dass er das sagte – sein Englisch war ungefähr so gut wie mein Griechisch, also eigentlich nicht vorhanden. Ich versuchte, ihm zu erklären, wo ich hinwollte, und er verstand absolut gar nichts. Irgendwann kam er auf die Idee, eine Straßenkarte herauszukramen, sodass ich ihm meinen Wunschort und die Pantomime für »Bus« nennen konnte.

»Θέλεις να πάρεις το λεωφορείο! Εδώ είσαι στο λάθος σημείο.« **

»Ja. Also nein. Keine Ahnung! Was sagst du denn da?!«

Er bedeutete mir, hinten einzusteigen, und ich versuchte, ihm klar zu machen, dass ich keinerlei Geld bei mir trug. Wie dumm bist du eigentlich, Moritz?! Hast du an irgendwas gedacht?

Er deutete trotzdem auf den Rücksitz und fuhr mich eine Viertelstunde kreuz und quer durch die Stadt, bis wir an einem gigantischen Depot für Taxis ankamen. Er fuhr mich zu jemandem, der Englisch sprach. Der Typ war genial.

Ich erklärte seinem Freund, wo ich hinwollte, dass ich kein Geld dabei hätte und ehrlich gesagt auch gar nicht genug auf meinem Konto hätte, um dieses Taxi zu bezahlen, selbst wenn wir an einem Automaten vorbeikämen. Zum Glück waren diese Menschen atemberaubend hilfsbereit. Er schlug mir vor, mich hinten in das Taxi zu setzen und einfach mitzufahren. Wenn er irgendwann zufällig eine Tour bekäme, die ihn in die Nähe des Busbahnhofes führte, könnte er mich einfach da rausschmeißen.

Und das klappte tatsächlich ziemlich schnell. Es dauerte keine Stunde, und ich war an meinem Zielort angekommen. Die gigantische Busbahnhofsuhr zeigte halb zwei Uhr morgens, und ich musste mir nur noch sechs Stunden vertreiben, bis mein Bus fuhr. Prickelnd.

Als ich knapp zwölf Stunden später in Sarti ankam, war ich so lange euphorisch, bis ich herausfand, dass es den Campingplatz, den ich suchte, schon seit knapp zwölf Jahren nicht mehr gab. Und nicht nur das – mir wurde schnell bewusst, dass ich nicht darauf geachtet hatte, wann die Feriensaison in Griechenland eigentlich startet. Die allermeisten Campingplätze öffnen nicht vor Mai – was ziemlich genau der Zeitpunkt war, an dem ich zurückfliegen würde. Angesichts so großer Naivität ließ ich meinen Rucksack einfach an den Straßenrand plumpsen, setzte mich erschöpft und niedergeschlagen daneben und machte erst einmal gar nichts.

Stunden später fand ich zufällig ein deutsches Aussteigerpärchen, das mich zu einem Campingplatz in der Nähe brachte und die Besitzerin überredete, mich für ein paar Tage auf dem menschenleeren Platz aufzunehmen.

Ich baute erleichtert mein Zelt auf und bemerkte, dass ich hier doch nicht der einzige war. Am anderen Ende des Platzes stand ein Wohnmobil. Der Besitzer kam neugierig auf mich zu. Er war aus Deutschland und lud mich auf ein Glas Ouzo in sein Gefährt ein, wir tranken zusammen und unterhielten uns.

Sein Name sei Tom, sagte er, und er plane, länger in Griechenland zu bleiben. Hier sei er in Sicherheit, und sie könnten ihn nicht finden. Er kratzte sich ununterbrochen die schon jetzt aufgeschürften Arme. Er lasse sich doch nicht einfach so einsperren von denen, soweit komme das ja noch!

»Nicht mit Tom!«, sagte er und sprach dabei von sich selbst in der dritten Person. Stück für Stück reimte ich mir seine Geschichte aus dem monotonen, eher zu sich selbst gesprochenen Schwall an Worten zusammen, die er nun schon gut angetrunken aus sich herauspurzeln ließ.

Anscheinend hatte man ihn in Deutschland versucht, in eine geschlossene Klinik einzuweisen, weil er zum einen Stimmen in seinem Kopf hörte und zum anderen eventuell gefährlich sein könnte.

»Aber Tom ist doch nicht gefährlich, Moritz!« Sein Onkel sei gestorben und es hätte da wohl Leute gegeben, die ihn verdächtigt hätten, ihn ermordet zu haben.

»Aber so etwas macht Tom nicht, nein, nein.« Er hatte dann dieses Wohnmobil einfach »mitgenommen« – von wo wurde nicht ganz klar, geschweige denn, warum ihn scheinbar niemand daran gehindert hatte, das Land zu verlassen – und am nächsten Tag wollte er in die Stadt fahren, um alles Geld von seinem Konto und von dem Konto seines Onkels, dessen Bankkarte er aus irgendeinem Grund auch dabeihatte, abzuheben.

»Und dann macht Tom sich eine schöne Zeit, nicht wahr, Moritz? Das hat sich der Tom verdient.« Dann zeigte er mir die erstaunliche Sammlung seiner Messer, die er leidenschaftlich hortete, und ein Samuraischwert. Tom entschied, dass wir jetzt Freunde seien und sagte, ich müsse mitkommen. Erst zur Bank und dann durch ganz Griechenland.

Ich war zu betrunken, als dass mein Gehirn all diese Informationen auch nur annähernd hätte verarbeiten können, und ich wankte irgendwann zurück in mein Zelt. Bevor es draußen hell wurde, wachte ich schweißgebadet auf und packte panisch meine Sachen zusammen.

Als die Sonne aufging, war ich schon fünf Kilometer die Landstraße entlanggewandert und versuchte, irgendein Auto anzuhalten, damit es mich möglichst weit wegbringt. Ich ergatterte einen Platz auf dem Beifahrersitz eines winzigen Fiat Punto, der mich mit Höchstgeschwindigkeit – was in diesem Fall immerhin hundertsechzig Kilometer pro Stunde bedeutet – durch die Berge brachte.

Tom wird in den nächsten drei Wochen der einzige Mensch sein, den ich kennenlerne. Es wird die wohl trostloseste Zeit meines bis dato geführten Lebens werden. Ich ganz alleine auf verlassenen Campingplätzen. Keine Gespräche, keine Menschenseele in der Nähe. Ich sollte mich selten wieder so einsam fühlen.

Obwohl ich sonst nicht so bin, wäre ich in diesem Urlaub auf jeden Fremden zugegangen, um ihn kennenzulernen – aber da war einfach niemand! Ich war der einzige Tourist, niemand redete mit mir, und ich fing irgendwann an, ununterbrochen Selbstgespräche zu führen. Die Nächte waren zwischendurch so arschkalt, dass ich zitternd erwachte, die Bücher gingen mir nach der Hälfte der Zeit aus, sodass ich mir die zu lesenden Seiten rationierte.

Ich weinte viel, war dreimal kurz davor, den Urlaub abzubrechen, bis ich in den letzten acht Tagen endlich einen Platz fand, auf dem eine Gruppe österreichischer oder bayerischer Bergsteiger*innen residierte (keine Ahnung, woher die kamen, aber ihr Singsang, den sie Sprache nannten, klang nach Bergen), die mich in ihrer Mitte aufnahm. Gustl, ein alter, netter Mann aus Ingolstadt (also doch Bayern), rettete mir den Urlaub, indem er mich unter seine Fittiche nahm. Er brachte mir das Klettern bei, fuhr mit mir Motorrad, lud mich mit seinen Freunden zum griechischen Osterfest ein, bei dem ich mich betrank und den angebotenen Joint nicht ablehnen wollte, sodass ich mir den Rest der Nacht die Seele aus dem Leib kotzte, während ganz Griechenland ausgelassen feierte.

Auf dem Rückflug war ich stolz, den Urlaub durchgehalten zu haben und ließ da oben über den Wolken die Vorstellung gehen, ich sei ein Weltenbummler. Bin ich nicht. Ich werde nie wieder Urlaub alleine machen.

An all das muss ich denken, als ich diesen Siebenschläfer dabei beobachte, wie er sich auf seinem Baum sitzend auf eine umtriebige Nacht vorzubereiten scheint.

So sehr ich es auch gehasst habe, alleine unterwegs zu sein – mit meiner Familie haben wir die mit Abstand besten Zeiten in unseren Urlauben. Das geht wahrscheinlich den meisten Familien so, aber wir überlegen regelmäßig, ob es nicht machbar wäre, für ein oder zwei Jahre auszuwandern. Einfach loszufahren und sich die Welt anzugucken. Sieht man doch andauernd auf Instagram, dass es Familien gibt, die das machen.

Es wird wahrscheinlich ein Hirngespinst bleiben, und in diesem Moment finde ich das ganz gut so. Dann muss ich wenigstens nicht dem nächsten Selbstbild beim Zerplatzen zugucken. Kann ja auch passieren.

Stell dir vor, wir beschließen tatsächlich, diesen Schritt zu machen, melden alle Kinder für ein Jahr ab, meine Frau setzt ihr Studium aus, und ich mache frei. Und dann fahren wir los, und nach sechs Wochen merken wir alle, dass wir einfach nur nach Hause wollen. Die Kinder quälen sich nonstop damit, sich an jeden neuen Ort tagelang gewöhnen zu müssen, bevor es dann auch gleich wieder weitergeht, wir kommen nicht damit klar, dass alles um uns herum immer nur provisorisch ist, und bekommen eine Lebensmittelvergiftung nach der anderen und am Ende Malaria.

Da sitze ich doch lieber in meinem Sommerurlaub und rede mir ein, dass wir im Grunde genommen auch so eine Weltenbummlerfamilie sein könnten, *wenn* wir denn nur losführen – aber ach, eines Tages, eines Tages …

Bummeln ist den Kindern nicht wichtig, und zwar nicht nur im Angesicht der Welt – das zeigt sich ja schon hier auf einem Campingplatz. Die haben keinen Bedarf an Action, müssen kein Dutzend verschiedener Ort erkunden und durch die Gegend, geschweige denn die Welt tingeln. Denen würde es reichen, wochenlang an diesem Strand hier zu sitzen, ab und zu von dem betonierten Bootsanlegeplatz ins Wasser zu hüpfen, den Pool zu benutzen und hier und da einen kleinen Spaziergang die Küste entlang zu unternehmen.

Selbst das Baby versucht angestrengt, immer und immer wieder an den Rand der Betonplattform zu krabbeln, um sich vor Freude kreischend hinabfallen zu lassen. Anscheinend kapiert es nicht, dass man vielleicht erst einmal laufen lernen sollte, bevor man versucht, beim Schwimmen zu überleben.

Uns Erwachsenen wird es aber früher oder später etwas eintönig, und so machen wir auch auf dieser Insel einen Ausflug. Ziel ist die Stadt Krk. Und ja, was soll ich sagen. Sieht ein bisschen aus wie in Cres. Alte Häuser, enge Gassen, Hafen – alles wie beim ersten Mal, es gibt Eis, und wir gucken irgendetwas Altes an.

Im Hafen liegt jedoch etwas, das neu ist für die Kinder. Ein U-Boot. Es ist natürlich nicht wirklich ein U-Boot. Es soll wie eines aussehen, und man kann in den Rumpf hinabsteigen und durch riesige Bullaugen den Meeresboden sehen. Der Junge ist begeistert und will sofort damit fahren. Das würde aber bedeuten, dass wir hier noch eine halbe Stunde in der krassen Mittagshitze rumhängen müssen, dann eine halbe Stunde Fahrt, das Baby ist müde, und wir haben die Trage nicht dabei, das Mädchen hat Hunger, isst aber nicht und droht jeden Augenblick seelisch zusammenzubrechen, und all das sind keine geilen Voraussetzungen dafür, hier noch länger als fünf Minuten zu bleiben.

Also gehe ich zu den Betreiber*innen, spreche auf Englisch mit ihnen über die Abfahrtszeiten – in zehn Minuten –, frage, ob sie jeden Tag fahren – was sie tun – ob im Moment viel los sei in dieser Saison, blablabla. Ich mache also einfach kurz Konversation, die mein Sohn nicht verstehen kann, und wende mich dann an ihn.

»Also pass auf: Heute fahren die nicht mehr los. Aber ich habe jetzt mit denen abgemacht, dass wir am Wochenende wiederkommen, und dann fahren wir beide alleine hier mit, in Ordnung?«

Er ist begeistert. Habe ich ihn angelogen? Absolut.

Hätte es ein Drama gegeben, wenn ich ihm gesagt hätte, dass wir erst in ein paar Tagen fahren, weil wir jetzt aufgrund seiner Geschwister losmüssen? Jap. In diesem Fall finde ich eine Lüge gerechtfertigt, weil ich weiß, dass es allen Beteiligten besser geht, wenn ich nicht die Wahrheit sage. Ich fühle mich nicht einmal schlecht deswegen. Außerdem gefällt mir die Aussicht, ein paar Stunden mit dem Jungen alleine loszufahren, ziemlich gut.

Der Junge kam zuerst. Und dann blieb er knapp drei Jahre alleine mit uns. Auf der einen Seite ist es natürlich scheiße, wenn man irgendwann von einer Art Thron gestoßen wird, weil da noch jemand Neues auftaucht, nur, weil Mama und

Papa entschieden haben, dass *ein* Kind nicht genug ist. Und bis heute gibt es immer wieder Momente, in denen er verzweifelt nachfragt, warum wir eigentlich jemals auf die Idee gekommen sind, dass da noch jemand fehlen könnte – wäre es nicht viel geiler, wenn wir ihn und nur ihn hätten?! Aber das ist ein Trugschluss.

Unser erstes Kind hat, so wie wahrscheinlich jedes erste Kind, mit Abstand die meiste Scheiße von uns mitbekommen. Es ist ein bisschen so, als würde man sich eine große Tasche kaufen und da all den Krams reinfüllen, den man eigentlich gar nicht so gerne haben will und am liebsten verstecken möchte. Und dann, wenn man die zweite große Tasche besorgt hat, ist gar nicht mehr so viel Müll über, den man darin verstauen müsste – ist ja alles schon in der ersten Tasche.

Das klingt jetzt ein bisschen so, als würde ich meine Kinder als Müllsäcke betrachten, aber was ich meine, ist, dass wir bei dem ersten Kind extrem unsicher waren. Mit allem! Und ängstlich. Und überfürsorglich. Und überfordert. Und unsicher. Und beim zweiten nicht mehr so sehr. Und manchmal finde ich das fies dem Jungen gegenüber.

Ehrlich gesagt, habe ich das Gefühl, dass er bis heute mehr ertragen muss als die anderen beiden. Denn wir als Eltern sind ja mit jeder neuen Situation immer noch überfordert, in die er natürlicherweise als Erster kommt, also machen wir bei ihm Fehler, die wir dann bei den anderen, wenn die in diese Situation kommen, vermeiden können. Mies.

Deswegen finde ich es besonders wichtig, ab und zu Zeit mit ihm alleine zu verbringen, und vor allem etwas mit ihm zu machen, wofür die anderen beiden noch zu klein sind.

Ich war zu Hause auch immer der Größte. Meistens hat es mir schon gereicht, zwanzig Minuten länger wach zu bleiben, damit das Gefühl, immer mehr abverlangt zu bekommen als die Kleinen, dem Gefühl gewichen ist, dass es cool sein kann, der Älteste zu sein.

Als wir den Nachmittag auf dem Platz verbringen, lernen meine Kinder ein anderes Geschwisterpärchen kennen. Die Vier spielen ausgelassen in den Büschen, und ich bin gezwungen, mit dem Vater der beiden dabei zuzusehen, weil meine Frau mit dem Baby unterwegs ist.

Ich weiß, dass er jetzt gleich die erste Small-Talk-Frage stellen wird. Irgendetwas wie: »Und was machst du so beruflich?« Und dann sage ich: »Comedian«, und dann kenne ich die nächste halbe Stunde des Gesprächs jetzt schon auswendig. Ich verstehe gut, dass das für viele Leute ein aufregender Beruf ist. Trifft man ja nicht so häufig. Und dann ergeben sich natürlich gewisse Fragen – die haben auch alle ihre Berechtigung, und ich verstehe, woher sie kommen. Aber ich habe die Antworten schon so oft gegeben, dass sie mir zum Hals raushängen.

»Kannst du davon leben?«

»Ja, schon seit ich neunzehn bin. Klar, damals brauchte ich auch nicht viel, und manchmal gab es dann eine Zeit lang sehr oft Nudeln mit Tomatensoße und Toast, aber das war okay so.«

»Und wie kommst du auf deine Ideen?«

»Einfach so. Ich sehe irgendetwas oder denke an irgendetwas, und dann mache ich das lustiger und glaube dann, dass das auf der Bühne funktionieren könnte, und dann probiere ich das aus. Und falls es klappt, mache ich es noch öfter und entwickle es weiter.«

»Bist du vor jedem Auftritt noch aufgeregt?«

»Nein. Das wäre ja furchtbar, jeden Abend aufgeregt zu sein. Ich bin *dann* nervös, wenn es ein besonderer Auftritt ist, wie zum Beispiel im Fernsehen oder wenn ich weiß, dass da nicht mein Publikum sitzt, sondern Leute, die mich nicht kennen oder bei denen ich weiß, dass ihnen wahrscheinlich nicht gefallen wird, was ich sagen werde.«

»Machst du das alles alleine, oder hast du einen Manager? Schreibt dir jemand die Texte? Wusstest du schon immer, dass du auf der Bühne stehen willst? Warst du damals ein Klassenclown? Ich könnte das ja nicht.«

»Agentur, nein, ja, ja. Musst du ja auch nicht.«

Und das geht ewig so weiter. Und wie gesagt, ich verstehe, woher die Fragen kommen, und sie sind die logischen ersten Fragen, wenn man hört, dass jemand Comedian ist. Für mich sind sie zu einer Routine geworden, die ich im Schlaf abspulen kann.

Und jetzt merke ich, dass ich schon in diesem Augenblick von diesem Vater genervt bin, obwohl er noch nicht einmal den Mund aufgemacht hat. Wie fies. Also mache ich das, was ich immer in solchen Momenten mache: Ich gehe das Risiko ein, den Small Talk einfach zu überspringen und steige mit einem viel zu ernsten Thema ein, das ihn zwingt, ehrlich zu antworten, falls er sich darauf einlässt.

»Brüllst du deine Kinder auch manchmal an?«

Er überlegt nicht einmal.

»Klar. Macht doch jeder, oder?«

»Glaube ich auch. Aber es gibt so viele Leute, die immer ruhig mit ihren Kindern sind, wenn man sie sieht.«

»Ja, aber die lügen.«

Wir lachen beide.

»Ich meine, die machen das dann, wenn andere dabei zugucken. Aber das kann mir doch keiner erzählen, dass die nie ihre Kinder anbrüllen. Wie sollen die das denn schaffen?«

»Ich würde schon gerne weniger brüllen manchmal.«

»Ja, ich auch. Aber das klappt nicht. Letztens bin ich von der Arbeit nach Hause gekommen und war nach fünf Minuten genervt von denen. Nach fünf Minuten! Da kommt man sich doch auch scheiße vor.«

»Ja, aber du bist eben auch von der Arbeit gekommen. Und dann ist man ja auch manchmal sowieso schon gestresst. Man startet ja nicht von Null, nur, weil man dann zu Hause ist.«

»Ja, auf jeden Fall. Ich glaube, ich bin meistens von etwas anderem gestresst, wenn ich rumbrülle. Am besten ist es, wenn ich nach Hause komme, und dann ist die Stimmung da schon scheiße, und meine Frau hat schon gebrüllt.«

»Ja, das kenne ich. Wenn meine Frau wütend auf die Kinder ist, fällt es mir viel leichter, deren Seite einzunehmen und derjenige mit der guten Laune zu sein. Das ist so, als müsste es diese zwei Parts geben, der beschissene ist schon vergeben, und ich bekomme dann den fröhlichen ab.«

Er lacht wieder.

»Zum Glück brüllen unsere Frauen auch.«

Dann reicht er mir nicht die Hand, hätte es ohne Corona aber sonst getan.

»Mark.«

»Moritz.«

»Hey.«

Manchmal funktioniert das. Natürlich birgt diese Art von Gesprächseinstieg ein gewisses Risiko. Wenn das Gegenüber nicht mitmacht, kannst du ja nur schwer zu einem seichten Geplänkel zurückkehren.

»Hey. Manchmal brülle ich meine Kinder an. Gar nichts? Okay. Aber nach Regen sieht es schon aus, oder?«

Mark und ich verplänkeln noch ein wenig Zeit mit Urlaubsgesprächen, aber so war das Gespräch zur Hälfte interessant, und das ist mehr, als ich von den meisten Gesprächen mit Fremden erwarte.

Tag 23, abends

Ein Plan

»Sag mal, deine Tour fällt doch auf jeden Fall jetzt aus, oder?«

Meine Frau und ich sitzen abends in unseren Campingstühlen, lesen beide und genießen die Ruhe, nachdem die Kinder bis vor zwanzig Minuten noch lustvoll kreischend den Bus auseinandergenommen haben. Man hört die Zikaden zirpen, irgendwo bellt ein Hund.

»Ja, wir sagen das alles ab. Die meisten Termine sind schon abgesagt, wir warten aber noch, bis alle Ersatztermine feststehen, und dann gehe ich damit raus.«

»Das heißt, du hast gar nichts vor im Herbst, oder?«

»Nein. Gut, dass du mich daran noch mal erinnerst. Ich war tatsächlich kurz ein wenig glücklich und hatte vergessen, wie beschissen meine berufliche Situation im Moment ist. Aber zum Glück habe ich ja noch dich, mein Liebling. Danke.«

»Halt dein Maul, du weißt, dass ich das nicht so meinte.«

»Ja, ich weiß.«

»…«

»…«

»Ich will dann wieder studieren. Also so richtig.«

»…«

»Ich meine, wir haben das Semester doch sowieso nur abgesagt, weil du einen Monat lang nicht da gewesen wärst, und wir dann zwei Monate ins Ausland wollten. Das können wir ja jetzt beides knicken. Dann kann ich auch wieder Vollzeit studieren gehen.«

»Stimmt. Da habe ich noch gar nicht drüber nachgedacht.«

Diese Erkenntnis trifft mich wie ein Schlag. Warum denke ich seit Wochen darüber nach, was ich arbeiten soll, wenn ich es auch einfach lassen kann. Klar, wir brauchen Geld.

Aber ich habe das ZDFneo-Geld noch nicht bekommen, und wenn wir sparsam leben und noch ein paar der Auftritte reinkämen, die zwar beschissen zu machen, aber gut bezahlt sind – sprich, all die Auftritte, bei denen ich nach Jahren froh war, sie jetzt eigentlich nicht mehr annehmen zu müssen – würden wir schon irgendwie den Rest des Jahres hinkommen.

Meine Frau und ich haben schon vor diesem Urlaub oft über unsere Aufteilung gesprochen. Denn so scheiße wir das System finden, in dem Männer sich in ihrer Arbeit selbst verwirklichen, während die Frauen den Haushalt, die Kinder und die komplette Organisation des Familienlebens übernehmen – wir leben ja genauso. Das hat finanzielle Gründe und rein praktische und ist ja auch nur jetzt gerade so! Das ändern wir dann ja bald! Aber einen wirklichen Schritt in diese Richtung haben wir auch noch nicht unternommen. Es passiert so leicht.

Meine Frau stillt das Baby ein Jahr lang und will deswegen in dieser Zeit zu Hause sein. Macht bei drei Babys schon einmal drei Jahre. Ich muss meine Termine eineinhalb Jahre im Voraus planen, beziehungsweise macht das die Agentur – ihre Unitage müssen sich dann diesen Tourplänen zwangsweise unterordnen. Und so weiter und so fort.

Es ist leicht, vor sich selbst zu rechtfertigen, warum man die Schritte, die man eigentlich für richtig hält, noch nicht gegangen ist. Jetzt gäbe es die Chance.

»Ich wäre dann einfach nur zu Hause und würde auf die Kinder aufpassen und du würdest in die Uni fahren?«

»Ja. Alleine lassen können wir die ja schlecht. Und du würdest den Haushalt machen. Also alles.«

»Ja, das kriege ich dann schon hin.«

Meine Frau runzelt die Stirn. Das macht sie immer, wenn sie über irgendetwas nachdenkt – es ist so etwas wie ihr *signature move*. Er ist so ausgeprägt und normal, dass die Kinder ihn auch schon machen. Sie sieht dann immer etwas zu ernst aus, und ich bin mir nie sicher, wie schlimm ihre Gedanken wirklich sind, weil es immer der gleiche Ausdruck ist – ganz egal, ob sie gerade darüber nachdenkt, ob sie die Wäsche drinnen oder draußen aufhängen soll, oder ob ihr Vater vielleicht dement wird. Der Ausdruck ist immer der gleiche.

»Was ist los, glaubst du, ich kann das nicht?«

»Nein.«

»Häh? Du traust mir nicht zu, den Scheißhaushalt zu machen?«

»Nein, darüber denke ich nicht nach, meine ich.«

»Worüber dann?«

Sie sitzt ein paar Minuten schweigend da, während ich auf dem Gedanken rumkaue, wie ich mich mit der Rolle als Hausmann fühlen würde. Ehrlich gesagt wäre das ja auch zeitlich beschränkt. Ein paar Monate ist bestimmt noch Corona, aber auf Dauer müsste ich schon irgendwie wieder Geld verdienen und irgendetwas machen. In meiner Vorstellung handelt es sich also eher um eine Art Elternzeit.

Meine Frau ist fertig mit Denken.

»Also wenn, dann müssten wir das schon dauerhaft überlegen.«

Okay. Soviel also zu der zeitlichen Begrenzung.

»Ich meine, ich habe ja keinen Bock, jetzt ein Semester voll zu studieren und dann wieder zurückzuschalten und wieder nur das Nötigste zu machen. Wenn, dann will ich das jetzt auch fertig machen.«

Das macht Sinn. Und es wäre nur fair und genau das, worüber wir immer wieder gesprochen haben. Es bedeutet aber eine größere Umstellung, als wenn wir das nur so lange denken, bis ich wieder auftreten kann – wann immer das auch sein wird.

»Okay.«

»Was, okay?«

»Okay, wir machen das. Lass uns das planen und so machen. Du studierst, und ich bin zu Hause. Und zwischendurch verdiene ich irgendwie Geld, und wir gucken, wie wir das hinkriegen.«

Es fühlt sich gut an, das zu sagen. Das ist ein Plan. Und es ist richtig, das zu planen. Und jetzt bin ich aufgeregt und glücklich, weil sich das wie ein Fortschritt anfühlt und irgendwie auch aufregend, weil es die Dynamik in unserer Beziehung verändern wird. Und jetzt will ich Sex haben. Und vorher eigentlich noch ein bisschen saugen, aber dafür ist es schon zu spät.

Es ist enorm, was dieser Plan innerhalb weniger Stunden bewirkt. Ich werde im Herbst nicht arbeitslos sein. Ich bin niemand, der seinen Job nicht ausüben kann und dadurch dazu verdammt ist, ein Leben zu führen ohne die stetige Anerkennung, an die er sich über Jahre hinweg gewöhnt hat. Ich werde Hausmann sein. Gut, besonders viel Anerkennung gibt es dafür wohl nicht – zumindest, wenn es auch nur halb so läuft wie bei etlichen Haus*frauen*.

Aber ich habe etwas zu tun. Ich verbringe Zeit mit meinen Kindern. Das klingt doch schon mal ganz anders.

Tag 24

Glück

Ich bin richtig aufgekratzt am nächsten Morgen. Ich albere mit den Kindern herum, kann gar nicht genug davon bekommen, mir Spiele mit ihnen auszudenken, ihnen Geschichten zu erzählen und mit dem Baby auf dem Teppich herumzurollen. So ausgelassen war ich seit Wochen nicht mehr.

Kurz wird mir bewusst, dass wir in fünf Tagen nach Hause fahren, und ich damit ziemlich genau fünf Sechstel unseres Urlaubes gebraucht habe, um anzukommen, aber das ist jetzt auch egal. Ich bin glücklich.

Am Nachmittag fahre ich mit dem Jungen nach Krk, um dieses dämliche U-Boot zu besteigen. Die Fahrt ist ungefähr so trostlos, wie ich sie mir vorgestellt habe. Der kroatische Meeresboden gibt nicht allzu viel her. Da sind hier und da mal ein paar Fische, Seeigel und vielleicht sogar mal ein Seestern, aber das war es dann auch schon. Steine. Es gibt eine Menge Steine. Und weil die Betreiber*innen dieses U-Bootes das natürlich auch wissen, wurde eine kleine Tour präpariert.

Wir fahren also sechs verschiedene Stellen ab, an denen Gegenstände versenkt wurden. Eine Kanone, eine Ansammlung großer Vasen, ein Kompass, eine Statue, der Schriftzug KRK und zuletzt eine Schatztruhe, gefüllt mit Plastik. Die einzig wirklich gute Idee war die Fahrt durch einen Fischschwarm.

Es ist ziemlich schnell offensichtlich, dass diese Tiere aus dem Heck des Bootes heraus gefüttert wurden und *deswegen* in Massen an den Bullaugen entlanghuschen, aber mein Sohn ist komplett aus dem Häuschen. Wie ein Flummi schießt er durch das gesamte Boot, rennt von der einen auf die andere Seite, von Heck bis Bug, beschreibt mir ununterbrochen brüllend, was wir beide gerade sehen können und weist mich Dutzende Male an, das Ganze zu filmen, damit er es den anderen nachher zeigen kann.

Ich habe selten etwas so Schönes gesehen wie kindliche Begeisterung. Ihm fällt nicht auf, dass die Kanone offensichtlich aus Keramik gefertigt ist, und die Schatztruhe nicht durch das Gold glänzt, sondern durch den Unterwasserstrahler, der im Inneren befestigt ist. Für ihn ist das hier alles das reinste Happening, und er zittert beinahe vor Glück.

Es ist so viel einfacher, Freude zu empfinden, wenn man nichts hinterfragt und die Tricks nicht kennt. Wenn ich im nächsten Jahr nur einen einzigen Tag so glücklich sein könnte wie er in diesen Momenten – es würde ein gutes Jahr werden.

Tag 25 und 26

Unglück

Es ist absurd. Jetzt im Nachhinein erinnere ich mich minutiös an all die schlechten Tage dieses Urlaubs.

Ich kann die Angst in den ersten Wochen, die Enttäuschung darüber, dass sich kein Urlaubsgefühl einstellt, die panischen Blicke aufs Handy quasi immer noch mit den Händen greifen.

Ab dem Zeitpunkt, an dem all das verschwindet und ich einen relativ sorgenfreien Urlaub verlebe, ist in meiner Erinnerung eine Lücke, in der einfach Zeit vergangen ist.

Jetzt könnte man darüber enttäuscht sein und sich ärgern, dass einem vor allem die schlechten Seiten in Erinnerung geblieben sind, aber so sehe ich das nicht. Es fühlt sich eher so an, als ob diese schönen Tage der eigentliche Urlaub hätten sein sollen und die Zeiten, in denen ich unglücklich war, diejenigen sind, die herausstechen, weil sie nicht normal waren.

Es ist ein bisschen so, als würde man sich ein weißes Laken anschauen. Dass das Laken weiß ist, ist nichts Besonderes – das ist seine Aufgabe: weiß sein. Aber die Flecken darauf fallen einem auf. Weil sie nicht dahingehören. Sind sie wieder weg, ist alles wieder gut und man denkt nicht mehr an dieses Laken, obwohl es nur jetzt so ist, wie es eigentlich sein sollte. Erst die Flecken machen es zu etwas Besonderem. Abgesehen davon geben mir diese Flecken einen Grund, darüber zu schreiben.

Ansonsten wäre das hier ein recht langweiliges Buch gewesen.

»Ja, wir waren dann vier Wochen in Kroatien. Nö, war super eigentlich. Strand und Baden halt. Nein, sonst ist da eigentlich nichts passiert.«

Will ja auch keiner lesen. Natürlich erinnere ich mich nicht an all die entspannten und sorgenfreien Tage meines Lebens, weil es die sind, an denen ich endlich einmal abschalten konnte und meinem Hirn ein Leerlauf vergönnt war.

Du wirst dich immer an den Zeitpunkt erinnern, als dir der Daumen beim Holzmachen abgetrennt wurde, nicht an die zwei Tage davor, als du Gläser noch ganz normal festgehalten hast.

Tag 27

Aufbruch

Heute realisiere ich zum ersten Mal so richtig, dass sich diese Reise dem Ende zuneigt. Die letzten Tage des Sommerurlaubs sind immer wie eine gemischte Tüte, finde ich.

Auf der einen Seite merkt man wehmütig ab dem letzten Wochentag, der sich in diesem Urlaub nicht noch einmal wiederholen wird, dass das große Ereignis dieses Jahres auf sein natürliches Ende zurückt.

Auf der anderen Seite freut man sich auf gewisse Dinge zu Hause. Sei es das Hobby, das man so langsam zu vermissen beginnt, sei es eine funktionierende Waschmaschine, die in der Lage ist, Kleidungsstücke und vor allem Handtücher so zu waschen, dass man nicht den Eindruck hat, man hätte das Waschmittel vergessen.

Oder der Gedanke daran, ein Dach über dem Kopf zu haben. Dieses wohlige Gefühl, wenn es anfängt zu regnen und man weiß, dass man einfach irgendwohin reingehen kann. Dass der Tag trotzdem weiterlaufen kann ohne erhebliche Einschränkungen. Die Liste der Beispiele ist lang.

Manche freuen sich auf deutsche Supermärkte, den Moment, wenn man die Kinder wieder in den Kindergarten bringt, den eigenen Arbeitsplatz, Freunde, Familie, Nachbarn, die Gartenlaube.

Eigentlich ist es völlig egal, worauf man sich freut, solange es einem dabei hilft, den Abschiedsschmerz zu lindern.

Meine Frau und ich haben uns irgendwann angewöhnt, innerhalb der letzten drei Urlaubstage den nächsten Urlaub zu planen, ganz gleich, ob dieser Plan realistisch oder auch nur wahrscheinlich ist. Es hilft uns dabei, zu realisieren, dass der Abschied vom Sommerurlaub keiner für immer ist.

Wir lassen also komplett außer Acht, dass niemand weiß, wann wir wieder wegfahren können – mittlerweile ist es ziemlich offensichtlich, dass Corona nicht morgen vorbei sein wird – und planen einen Urlaub, der höchstwahrscheinlich nie stattfinden wird. Aber es hilft.

Wie sehr ich nicht nach Hause möchte, merke ich, als meine Frau den Teppich entsorgen will.

»Aber das kannst du doch nicht machen. Das ist unser Teppich.«

»Moritz, das Ding stinkt mittlerweile, als hätten wir Omas Leiche darin weggebracht.«

»Ja, aber da spielen die Kinder doch drauf.«

»Wir haben einen Teppich zu Hause. Und ein Bett und sehr viel Boden. Ich denke, die kommen auch ohne den aus.«

»Aber da kleben doch jetzt so viele Erinnerungen dran.«

»Das ist Kotze. Moritz. Was da klebt, ist Kotze.«

Also schmeißen wir das Ding weg. Aber vorher sauge ich ihn noch einmal.

Der nächste Schritt besteht darin, all den Krams auszusortieren, den die Kinder in den letzten Wochen zusammengesammelt haben. Das macht man am besten nicht in deren Beisein, denn, wenn man die mitentscheiden lässt, was von all dem Strandgut, den gesammelten Steinen, Stöcken, Bändern, Plastikschüsselchen, Muscheln, Krebsscheren und Sepiaschalen so

Verschiedene Dinge, die man aus Panzertape bauen kann

Zelt

Hängematte

Hängendes Klo

Notfallwindel

Gallionsfigur

wichtig ist, dass man es unbedingt mit nach Hause nehmen muss, lautet die Antwort: Alles, Papa!

Das ist auch der Grund dafür, warum ich mich weigere, irgendein Spielzeug mit in den Urlaub zu nehmen. Das benutzt hier doch sowieso keiner, und das ist auch gut so.

Was Kinder im Urlaub zum Spielen brauchen?

1. Seil
2. Karabinerhaken
3. Klar: Panzertape

Fertig. Die Anwendungsmöglichkeiten sind unendlich.

Der Junge könnte mit diesen drei Dingen so ziemlich alles bauen, was man ihm aufträgt, solange man nicht darauf besteht, dass es auch außerhalb seiner Vorstellungskraft wirklich funktioniert.

Am Abend haben wir das meiste einsortiert, das Vorzelt abgebaut und nur das noch draußen gelassen, was man für einen letzten Urlaubstag wirklich braucht.

Am nächsten Morgen, unserem Abreisetag, feiern wir Geburtstag. Wir werden erst losfahren, wenn es dunkel ist – was für eine revolutionäre Idee – und den Tag über wird gefeiert.

Ehrlich gesagt, machen wir nichts, was wir in den letzten acht Tagen nicht auch gemacht hätten. Strand, Pool, Mittagessen, Pause. Aber ab heute ist die Badepuppe dabei. Wir sind mit ihr am Strand und im Pool. Sie sitzt mit am Esstisch, macht mit geschlossenen Augen (das war ein wichtiges Kriterium. Sie muss ihre Augen schließen, wenn man sie hinlegt!) auf dem Bauch meiner Tochter Pause und hört meinen Vorlesekünsten zu. Und das reicht dem Mädchen schon.

Alleine dadurch wird es ein Geburtstag. Das Mädchen ist selig, der Junge etwas überdreht, einfach, weil es ein Geburtstag ist – da ist es komplett egal, ob es nun sein eigener oder der von jemand anderem ist, Geburtstag ist Geburtstag, und das ist geil! – das Baby ist ruhig, und wir verabschieden uns innerlich von dieser besonderen Art der Ruhe, die man nur in der Nähe des Meeres haben kann.

Es ist, ehrlich gesagt, ganz erstaunlich, wie oft dieses Baby einfach ruhig ist. Natürlich hat es auch mal Bauchschmerzen oder ist noch müde aufgewacht und dann mäkelig. Aber alles in allem wurden wir mit einem kleinen Buddha beschenkt, dessen Lieblingsbeschäftigung darin besteht, den Geschwistern beim Sein zuzugucken und Dinge in den Mund zu nehmen. Solange das beides machbar ist, ist der Rest egal.

Man hätte das ahnen können, denke ich manchmal und merke dann, dass ich nicht spirituell genug bin, um es so zu sehen. Aber wenn ich mir überlege, wie *seine* Geburt ablief, hätte man es ahnen können, wie problemlos es sich später in der Welt befinden wird.

Wenn du die ersten beiden Geburten tatsächlich übersprungen hast, weil du dir keine negativen Erlebnisse durchlesen möchtest – diese hier kannst du dir getrost anschauen.

Geburt Nummer 3

Ich war etwas überrascht, als meine Frau den Wunsch äußerte, unser drittes Kind zu Hause zur Welt zu bringen. Andererseits hatten wir ja nun so ziemlich alles ausprobiert, und wirklich geil war nichts davon gewesen, also warum nicht *back to the roots.*

Wir fanden eine Hebamme, die uns betreuen konnte, und schon ab dem ersten Treffen wusste ich, dass es dieses Mal klappen würde. Wie wir bei den ersten beiden Geburten feststellen konnten, ist meine Frau nicht besonders empfänglich für liebevolles Gesäusel oder kumpelhafte Geburtsbegleitung. Klare Ansagen und eine strikte Führung helfen ihr. Dazu kam, dass wir uns dieses Mal anders auf die Geburt vorbereiteten. Es gibt die Idee von Hypnobirthing. Wenn man den ganzen esoterischen Teil davon mal weglässt – und das habe ich getan – geht es darum, dass man seinen eigenen Körper und die Intensität von Schmerz mit Hilfe von verschiedenen Atemtechniken, im Rahmen der Möglichkeiten, steuern kann. Am Ende des Tages sind es also einfache Atemübungen, die man schon Wochen vor der Geburt anfängt zu ritualisieren, damit sie in der stressigen Ausnahmesituation einer Geburt, ohne groß überlegen zu müssen, angewendet werden können. Zum einen trainiert man also seinen Körper darin, in einen bestimmten Zustand der Entspannung zu finden, auf der anderen Seite sorgt es aber auch dafür, dass beide Partner*innen sich gemeinsam auf diese Geburt vorbereiten und Teile des Ablaufes gemeinsam lernen. Wenn es also so weit ist, wissen beide, was zu tun ist und machen etwas zusammen. Ohne das steht

man als Mann oder Nichtgebärende ja eher dumm rum, versucht, nicht allzu panisch und überflüssig zu erscheinen und sagt Sachen wie:
»Du machst das toll! Ein bisschen noch! Du hast so viel Kraft! Du schaffst das!«
Was irgendwann dazu führt, dass du dir völlig bescheuert vorkommst, und deine Frau genervt davon ist, deine Stimme zu hören.
Die Wehen meiner Frau setzten nachmittags ein, die beiden großen Kinder wurden zu ihrer Großmutter verfrachtet, und wir begannen unsere Zeremonie. Ich befüllte den Geburtspool in unserem Wohnzimmer, machte etwas zu essen, bereitete das Zimmer vor und maß den Wehenabstand mit einer App. Nach ein paar Stunden fiel mir auf, dass diese App falsch misst, beziehungsweise den Abstand zwischen den Wehen anders bemisst, als sie es hätte tun sollen. Der Punkt, an dem man die Hebamme hätte anrufen sollen, war schon seit zwei Stunden gekommen und unbemerkt wieder gegangen. Womit keiner von uns gerechnet hatte, weil meine Frau nicht litt – was wir von den anderen Geburten ja gewohnt waren.
Also holte ich unsere Hebamme und ihre Praktikantin dazu. Die nächsten Stunden über hörten wir Musik, unterhielten uns und aßen etwas, während die Wehen meiner Frau immer häufiger und auch intensiver kamen, aber weder ausuferten, noch auch nur annähernd so schmerzhaft wurden, wie bei den Geburten zuvor. Irgendwann legten sich alle sogar eine Stunde schlafen. Ich nicht. Wie auch? Ich kam nicht einmal auf die Idee, mich hinzulegen. Jetzt?! Seid ihr alle wahnsinnig?!

Danach ging es weiter, die Hebamme musste die Fruchtblase etwas zur Seite schieben, damit der Kopf richtig auf den Muttermund drücken konnte, was schmerzhaft klang. Noch an diesem Punkt rechnete ich jede Sekunde damit, dass wir gleich losfahren müssten ins Krankenhaus. Irgendwann fasste ich den Mut und fragte nach.
»Nein. Über den Punkt sind wir hinaus – das Baby kommt hier. Und zwar gleich.«
Die Austreibungsphase dauerte vielleicht zwanzig Minuten, und morgens um vier Uhr schwamm da ein völlig intaktes, gesundes Baby in unserem Pool herum.
Es geht also doch.

Am Nachmittag verstauen wir sämtliche Sachen im Bus. Beim Zusammenklappen des Tisches fällt mir auf, dass da mal eine Klammer gewesen sein muss, die die Beine davon abhält, sich unkontrolliert immer wieder auszuklappen. Scheint ein schwarzes Plastikteil gewesen zu sein. Fuck. Ich wusste es. Das war so klar. Jedes Mal wieder! Ich binde den Tisch mit einem Strick zusammen, den der Junge am Strand gefunden und aufbewahrt hat. Am Ende arbeiten wir hier immer als gutes Team.

Dann sauge ich ein letztes Mal.

Ein paar Stunden später schlafen alle in ihren Sitzen, und ich tätschele das Armaturenbrett. Keine Lampe leuchtet, und Rufus Becks Stimme säuselt mir irgendein anderes Buch ins Ohr.

Ich fahre mit 103 km/h über die Autobahn, den Grenzübergang haben wir bereits problemlos passiert. Nicht so problemlos, dass ich nicht wie immer schwitzend hinterm Steuer gesessen hätte. Was, wenn sie einen negativen Coronatest verlangen, den ich nicht habe? Was, wenn die Grenze dicht ist? Stand nichts im Internet davon, klar, aber vielleicht wurde das beschlossen, genau in dem Moment, als wir losgefahren sind? Braucht man eine Art Passierschein? Kann doch sein!

Aber nein, niemand interessiert sich einen Scheiß für uns. Eigentlich wie immer.

Morgen werden wir noch einen Zwischenstopp einlegen, uns irgendeinen See in Österreich oder Süddeutschland suchen, ich werde ein paar Stunden schlafen, und abends sitzen wir wieder im Auto, um in der folgenden Nacht zu Hause zu sein. Irgendwie ein komisches Gefühl. Vor allem, weil sich in diesem Urlaub so viel verändert hat.

Ich meine, ich habe immer noch keinen Job, bin nach wie vor süchtig danach, mein Handy zu kontrollieren, ob komplett wildfremden Menschen meine lustigen Videos gefallen – wenn auch schon etwas weniger – und lebe weiter mit der irrationalen Angst, dass mich alle morgen wieder vergessen haben könnten. Aber es gibt die Aussicht, dass diese Gefühle durch ein paar Monate Hausarbeit übertüncht werden und dann Stück für Stück nachlassen können. Nur so kann ich diese Gefühle ja bearbeiten – indem ich sie kurzzeitig übertünche. Das ist ein bisschen so, als würde man ein Teil in einem Automotor reparieren. Das macht man ja auch nicht, während der Motor läuft. Glaube ich. Ich habe absolut keine Ahnung davon, wie man Autos repariert.

Der Vorverkauf für meine Auftritte im Sommer ist schon gestern angelaufen – so schnell haben wir das auf die Beine gestellt – und die ersten Shows sind bereits ausverkauft. Auch das hilft natürlich.

Ehrlich gesagt fahre ich mit einem besseren Gefühl nach Hause, als ich in den Urlaub gekommen bin. Und darauf kommt es doch an, oder?

Dass man danach das Gefühl hat: Ich bin erholter. Ich habe genug Kraft getankt, um es mit kleinen Pausen dazwischen bis zum nächsten Sommerurlaub zu schaffen. Das ist doch unser aller Rhythmus. Sommerurlaub, ein bisschen Herbst, Weihnachten, Ostern und bald wieder Sommerurlaub.

Im besten Fall kommen wir alle mit einem handfesten Plan zu Hause an. In dieser Hinsicht ist ein Sommerurlaub eigentlich wie ein extremes Silvester. Klar, klassischerweise nimmt man sich, während über einem der Himmel explodiert, irgendwelche utopischen Sachen für das neue Jahr vor, bei denen man, wenn man ehrlich ist, doch jetzt schon weiß, dass man sie sowieso nicht einhalten wird.

»Morgen höre ich auf zu rauchen und fange mit Sport an. Dreimal die Woche gehe ich ins Fitnessstudio und lebe vegan! Davon kann ich ja dann auch meiner Mutter erzählen, die ich einmal die Woche anrufe! Wirklich!«

Nein. Wirst du nicht. Spar dir doch einfach die Enttäuschung und nimm dir erst einmal etwas vor, was realistischer ist.

»Nächstes Jahr möchte ich versuchen, ein bisschen mehr auf meine Gesundheit zu achten. Wenn ich mich krank fühle, melde ich mich tatsächlich mal bei der Arbeit ab, auch, wenn ich dann ein schlechtes Gewissen den Kolleg*innen gegenüber habe. Vielleicht schaffe ich das sogar zweimal bis zum nächsten Silvester.«

Das reicht doch erst einmal, oder?

Der Sommerurlaub ist die große Variante davon. Man ist zwei oder drei oder sogar vier Wochen mal wirklich raus aus seinem Alltag und hat die Ruhe und die Zeit, sich zu überlegen, wie man das nächste Jahr angehen möchte.
»Bin ich noch zufrieden in meinem Job oder zu Hause? Muss ich da etwas ändern? Warum bin ich jetzt so entspannt und den Rest des Jahres nicht so richtig? Wie kann das sein? Und wie schaffe ich es, diese Entspannung möglichst lange nach dem Urlaub aufrechtzuerhalten? Sollte ich irgendetwas grundsätzlich ändern?«

Ich habe das Gefühl, im Vergleich zu Silvester sind die Sommerurlaubsvorsätze größer. Existenzieller. Was wahrscheinlich daran liegt, dass man a) mehr Zeit hatte, um über sie nachzudenken und man b) nicht durchgängig besoffen ist, während man sie formuliert.

Wenn ich in den Rückspiegel schaue, sehe ich einen Haufen Kinder und meine schlafende Frau. Sie alle hängen etwas verrenkt in ihren Sitzschalen und Kissenkonstruktionen, und in diesem Moment wird mir klar, wie viel sich alleine seit unserem letzten Sommerurlaub verändert hat. Nicht nur, dass die Kinder gewachsen sind und sich entwickelt haben, das Baby war beim letzten Mal noch nicht einmal da! Zu merken, wie die Zeit verfliegt, ist manchmal beunruhigend. Da hat man ein paar Mal geblinzelt, und auf einmal wird das erste Kind eingeschult. Auch das steht uns im nächsten Jahr bevor.

(Ich könnte jetzt mehrere Seiten dazu schreiben, warum ich nicht möchte, dass unsere Kinder auf eine staatliche Schule gehen, warum meine eigenen Erfahrungen mit unserem Bildungssystem dafür gesorgt haben, dass ich mir eher ein Bein abschneide, als meine Kinder dem ständigen Druck nach Anerkennung, Leistung und guten Noten auszusetzen, aber ich denke, wir alle haben das Gefühl, uns auf den letzten Seiten dieses Buches zu befinden, seit ich angefangen habe von der Rückfahrt zu erzählen. Höchstwahrscheinlich lesen gerade einige von euch diese Zeilen mit dem Gedanken, dass man ja eigentlich schon ins Bett hätte gehen sollen, aber das ja jetzt auch albern sei, diese letzten paar Seiten erst morgen zu lesen. Also spare ich uns hier diesen Schul-Teil, der zugegebenermaßen auch ein zweites Buch füllen könnte.)

Diese Zeitsprünge im eigenen Leben zu merken, fühlt sich immer komisch an. Man bekommt eine Ahnung davon, dass man irgendwann fünfzig ist oder siebzig oder fast tot und dann auf die Zeit zurückblicken wird, als die Kinder noch bei einem zu Hause gewohnt haben. Hat man diese Zeit gut genug genutzt?

Ich glaube, das ist einer der Hauptgründe dafür, warum ich lernen möchte, meine eigene Karriere in Zukunft nicht mehr so ernst zu nehmen. Ich will nicht zurückgucken und merken, dass ich irgendetwas bei meinen Kindern verpasst habe, um einem Gefühl hinterherzujagen, von dem ich weiß, dass es mich am Ende sowieso nicht befriedigt.

Mein Erfolg auf der Bühne ist ein Pflaster für eine Wunde, die durch die Anerkennung fremder Menschen nicht geheilt werden kann.

Aber an all das denke ich in diesem Moment nicht allzu lange. Ich fahre einfach.

Hell erleuchtete Rastplätze ziehen am Straßenrand an mir vorbei, wir lassen einen LKW nach dem anderen hinter uns zurück, und das gleichmäßige Brummen des Motors erinnert mich an die Urlaubsrückfahrten meiner Kindheit, in denen ich im Halbschlaf aus dem Fenster guckte und mir einbildete, schon fast den Sonnenaufgang am Horizont erkennen zu können, obwohl es noch nicht einmal Mitternacht war.

Die Dunkelheit umschließt unseren Bus, und es geht immer weiter vorwärts. Wir bewegen uns durch halb Europa, ohne es zu merken, und alles ist gut.

Mein Leben ist schön.

Natürlich gibt es Momente, in denen ich merke, dass ein Leben ohne diese Menschen da hinten leichter gewesen wäre. Und manchmal merke ich, wie mir all das hier über den Kopf wächst. Die Verantwortung. Das ständige Arbeiten an mir selbst. Die Angst zu versagen und ständig etwas falsch zu machen. All das ist stressig. Und all das braucht eine Menge Kraft und Energie.

Und natürlich gibt es Zeiten, in denen ich absolut keinen Bock mehr habe auf diesen Stress. Darauf, meinen eigenen Krams ständig hintenanstellen zu müssen. Die meisten eigenen Wünsche nicht einfach zu erfüllen, sondern den Bedürfnissen von kleinen Gnomen, die bei einem wohnen und so gut wie nie Danke sagen, unterordnen zu müssen. Du bist nicht der einzige Mensch mit Familie, der sich so fühlt.

Wir sitzen alle im gleichen Boot.

Keine Frage: Manchmal finde ich es extrem anstrengend, eine eigene Familie zu haben.

Bereut habe ich es noch keine einzige Sekunde.

(in order of appearance)

Der Mann	Moritz Neumeier
Die Frau	Moritz' Frau
Der Junge	Moritz' Sohn
Das Mädchen	Moritz' Tochter
Das Baby	Moritz' Baby
Schwedischer Punk	Emily
Pannendienst	Ingo
Autohausmann	François
Wildlife Guard	Miko
Tourmanager	Hinnerk
Campingchefin	Mme Tisseau
Alte Frau	Rosemarie
Alter Mann	Hartmut
Vater	Mark

Lektorat	Anne-Katrin Scheiter
	Philip Laubach
Coverdesign & Layout	Barbara Thoben
Zeichnungen	Timo Zett
Agentur	Robert Oschatz
	Friederike Ellerbrock
Text und Idee	Moritz Neumeier

Epilog

Das hier ist der Teil, der in Filmen fehlt. Da kommt dann ein Abspann, und alle sollen glauben, dass das jetzt wirklich das Ende war. War es natürlich nicht.

Alles geht immer weiter – die Frage ist nur, ob es gut weitergeht.

Ich habe dieses Buch nach ziemlich genau einem Jahr Pandemie geschrieben. Zwischen der Reise und dem Jetzt liegen also knapp sechs Monate.

Im letzten Sommer habe ich fünf Shows gespielt, zwei davon aufgenommen und das Ganze als Special verkauft. Das Geld haben wir an die Läden gegeben, in denen ich nicht auftreten konnte, und auch, wenn das nur ein Tropfen auf einem heißen Stein aus Scheiße war, hat es sich trotzdem gut angefühlt.

Meine Frau studiert seit Oktober Vollzeit, und ich bin mit den Kindern zu Hause. Die letzten Monate des Jahres wurden dadurch für mich zu den entspanntesten, die ich seit sehr langer Zeit hatte. Ich kann mich nicht daran erinnern, jemals so wenig gestresst gewesen zu sein wie zu dieser Zeit. Mein Job spielte einfach keine große Rolle mehr. Es gab keine Auftritte, über die ich nachdenken musste, keine Abgabetermine oder näher rückende Scheißjobs, auf die man schon Wochen vorher flucht.

Hier und da war ich im Fernsehen, aber ohne Publikum kommt auch da keine wirkliche Nervosität auf. Dadurch, dass ich zur Untätigkeit gezwungen war, wurde ich tatsächlich untätig, und genau das habe ich gebraucht.

Ich brülle weniger. Ganz einfach deswegen, weil dieser Berg im Hintergrund, der von außerhalb der Familie stammt, kleiner geworden ist. Wenn ein umgeschmissenes Glas oder der Fakt, dass sich jemand zum achten Mal die Socken wieder auszieht, die einzigen nennenswerten Stressfaktoren in meinem Leben sind, kann ich sie sehr viel einfacher handeln und dabei ruhig bleiben.

Natürlich werde ich auch mal laut. Aber dann angemessen der Situation gegenüber. Dann brülle ich ein bisschen, weil ich genervt oder angestrengt bin von den Kindern, nicht, weil ich generell schon genervt und kurz vor einem Nervenzusammenbruch stehe und die Kinder mir nur den letzten Schubs geben.

Beziehungsweise komme ich mir dabei nicht so unfair vor, weil die Kinder ja der tatsächliche Grund für meine Lautstärke sind – was es nicht richtiger macht zu brüllen, aber wenigstens bestrafe ich keine unschuldigen Opfer, die völlig verwirrt über meine Reaktion sind.

Das Baby, das mittlerweile kein wirkliches Baby mehr ist, sieht mich jetzt öfter als seine Mutter. Solange die beiden Großen im Kindergarten sind, haben wir vormittags ein paar Stunden alleine. Das macht mich zum Ansprechpartner Numero Uno, und das ist ein fantastisches Gefühl.

Ich glaube nicht, dass ich mich jemals so stolz gefühlt habe wie zu dem Zeitpunkt, als es sein erstes Wort herausbrachte und es »Papa« war.

Das ist sein erstes Wort. Papa. Nicht Mama, nicht Ball oder Katze oder Krautsalat. Papa. Es kommt jetzt vor, dass es nach mir fragt, wenn meine Frau mit ihm unterwegs ist, was bei den anderen nie passiert wäre. Die brauchten Mama, und wenn Papa dabei war, war das eine Art Bonus.

Meine Frau reißt sich den Arsch auf für ihr Studium, und es ist ein tolles Gefühl, ihr den Rücken freizuhalten. Natürlich gab es Streits über die richtige Handhabe eines Haushalts und so sehr ich versucht habe, das als Blödsinn abzustempeln – man muss das lernen.

»Meinem Mann fällt es gar nicht auf, dass die Fenster schmutzig sind und überall Sachen rumliegen.«

Stimmt. Natürlich nicht. Warum auch? Du machst das ja immer weg. Ich hatte es nie im Blick, ob das Waschbecken sauber ist, die Dusche streifenfrei, der Kühlschrank ausgewischt, die Ofengläser geputzt, die Schneeanzüge im Kindergarten, die Arzttermine abgemacht, die Klamotten schon zu klein sind und die Kinder regelmäßig verabredet.

All das, was man als »mental load« bezeichnet und was in den allermeisten Fällen bei den Frauen liegen bleibt. Und auch jetzt noch habe ich blinde Flecken, und es gibt Sachen, die meine Frau ganz automatisch auf dem Schirm hat und ich mir auf große farbige Zettel in der Küche schreiben muss, damit ich sie nicht permanent vergesse.

Das braucht Zeit – aber ich kann jedem Mann empfehlen, das zu machen. Oder jeder Frau, wenn bei euch die Aufteilung andersherum ist. Es ist ein gutes Gefühl und sorgt dafür, dass man sich nicht völlig überraschend – keiner hat das kommen sehen, mein Gott, was bin ich überrumpelt, ich hatte ja keine Ahnung, dass sie sich so eingeschränkt fühlt – scheiden lässt. Also, es gibt dann immer noch genug andere Gründe, warum sich Paare scheiden lassen, aber diesen einen habt ihr immerhin schon vermieden.

Der Weg dahin ist hart und bedeutet Entbehrungen, oftmals auch finanzielle, aber es lohnt sich.

Ich habe mir Charaktere auf Instagram erschaffen. Alter Egos, die mir die Möglichkeit geben, Dinge zu sagen, die ich sonst nicht sagen würde. Kleine Wahrheiten, bei denen ich sonst Angst gehabt hätte, sie meinen Fans gegenüber auszusprechen, weil ich harmoniesüchtig bin und es nicht ertrage, wenn nicht jede und jeder um mich herum begeistert von mir ist.

Durch sie sage nicht ich, dass es mich ehrlich gesagt einen Scheiß interessieren sollte, ob jemandem meine Videos oder deren Inhalt nicht gefallen. Jürgen sagt das für mich. Und wenn ich dann trotzdem ein schlechtes Gewissen bekomme, bügelt Sönke das schon wieder aus.

Seit dem neuen Jahr ist meine Abstinenz noch extremer geworden. Ich erinnere mich genau an den Moment, an dem ich dachte: »Ach, guck mal, das wäre doch eine gute Idee für ein Video.« Und dann habe ich es nicht aufgenommen. Und dann kam noch eine Idee auf den Zettel und noch eine. Und seitdem habe ich kein einziges richtiges Video mehr veröffentlicht. Hier und da mal einen kleinen Beitrag, klar, aber nichts, worüber ich mir vorher wirklich Gedanken gemacht habe und bei dem ich deswegen beobachte wie es ankommt. Das war einen Tag vor Silvester.

Mittlerweile denke ich nicht öfter als einmal täglich an das Internet, und oft genug öffne ich die App dann trotzdem nicht. Warum auch? Ich verkaufe doch sowieso keine Tickets. Das kommt alles irgendwann wieder zurück, und dann geht es weiter.

Der Jahresbeginn war ein kleiner Bruch. Auch, wenn ich kein Mensch bin, der sich irgendetwas für das neue Jahr vornimmt, merke ich doch, dass es sich komisch anfühlt, in ein neues Jahr zu starten, ohne die geringste Ahnung zu haben, wohin es mich führen wird. Der Wunsch zu arbeiten kommt langsam wieder, ich vermisse die Bühne und das, was sie mit sich bringt. Immer öfter ploppen Themen bei mir auf, die ich am liebsten gleich heute Abend vor einem Publikum bearbeiten wollen würde.

So schön es ist, ständig zu Hause bei den Kindern zu sein – auf Dauer reicht es nicht aus, um mir das Gefühl zu geben, mein Potenzial auszuschöpfen.

Genau deswegen wäre es ja wichtig, dass all diese Arbeit nicht an einer Person hängen bleibt, sondern man sie sich aufteilt. Damit beide Seiten der Beziehung die Chance haben, genug Zeit mit den Kindern und der eigenen Verwirklichung zu verbringen. Gleichberechtigung eben.

Meine Therapie liegt in den letzten Zügen. Natürlich gibt es immer eine Chance auf Verlängerung, aber mein Therapeut und ich sind uns einig, dass keine »Notwendigkeit durch ein Krankheitsbild« mehr besteht. Das macht mich zum einen froh, wenn ich darauf zurückblicke, was ich in dieser Zeit alles gelernt und gemeistert habe.

Auf der anderen Seite entsteht ein mulmiges Gefühl, wenn ich weiß, dass ich mir nicht mehr jeden Freitag automatisch angucke, wie es mir eigentlich geht, an was ich gerade arbeite und woran ich noch arbeiten müsste. Irgendwie muss ich das auch weiterhin und von jetzt an alleine schaffen.

Ich hatte nie vor, dieses Buch zu schreiben. Und ohne Corona hätte ich es auch nicht getan.

Aber sobald ich mit dem Schreiben anfing, fiel mir auf, wie leicht es mir fällt, über all diese Dinge zu sprechen. Weil es Dinge sind, über die man sprechen sollte. Nur wenn wir anfangen, uns gegenseitig unsere Schwächen zu zeigen, können wir merken, dass diese Schwächen normal sind und man an ihnen arbeiten kann.

Ich danke Anne und Philip und dem ganzen Verlag dafür, wie sehr meine Wünsche berücksichtigt wurden. Beim Titel und dem Cover, das definitiv nicht so aussieht, wie es sich die Marketing- und Verkaufsabteilung gewünscht hätte. Weil die eben wissen, was sich verkauft.

Ich weiß nur, was ich schön finde. Und dass diese Wünsche beachtet wurden, ist, glaube ich, nicht selbstverständlich.

Ich danke Robert und Rike dafür, dass sie mein ganzes Arbeitsleben managen, mir mit allem, was ich brauche, zur Seite stehen und sich sämtliche Tiraden über die Welt und den ganzen

Arschlöchern darin, die ich ihnen als Sprachnachrichten zuschicke, so sehr ignorieren oder unterstützen, dass ich mich nicht einen Tag später dafür zu schämen brauche. Ohne Robert hätte ich keine Karriere.

Ich danke meiner Frau dafür, dass sie da ist. Und bleibt. Dass sie mich in fast allem unterstützt und mich so sein lässt wie ich bin.

Und meinen Kindern. Für ihre Geduld. Und dafür, dass sie mich so viele Dinge lernen lassen. Ich verkacke so einiges, und trotzdem klettern sie immer wieder auf meinen Schoß, kuscheln sich an mich und wollen spielen. Wenn das so bleibt, habe ich genug richtig gemacht.

Ich liebe euch. Ich liebe euch mit meinem ganzen Herzen.

Mehr als mein eigenes Leben.

Impressum

Postfach 860366, 81630 München

POLYGLOTT

POLYGLOTT ist eine eingetragene Marke der
GRÄFE UND UNZER VERLAG GmbH

ISBN 978-3-8464-0868-1
1. Auflage 2021

Redaktion und Projektmanagement: Anne-Katrin Scheiter
Korrektorat: Renate Nöldeke, Christiane Schwabbaur
Satz: Tim Schulz, Mainz
Umschlaggestaltung und Layout:
Lübbeke Naumann Thoben, Köln
Illustrationen: Timo Zett
Herstellung: Gloria Schlayer
Repro: Repro Ludwig, Zell am See
Druck und Bindung: Livonia Print, Lettland

GRÄFE UND UNZER

Ein Unternehmen der
GANSKE VERLAGSGRUPPE

Bildnachweis
Coverfoto: privat
Autorenfoto: Dominic Reichenbach

Ansprechpartner für den Anzeigenverkauf
KV Kommunalverlag GmbH & Co. KG
MediaCenter München, Tel. 089/928 09 60

Bei Interesse an maßgeschneiderten B2B-Produkten
roswitha.riedel@graefe-und-unzer.de

Leserservice
GRÄFE UND UNZER Verlag
Grillparzerstraße 12, 81675 München
www.graefe-und-unzer.de

Umwelthinweise

Nachhaltigkeit ist uns sehr wichtig. Der Rohstoff Papier ist in der Buchproduktion hierfür von entscheidender Bedeutung. Daher ist dieses Buch auf PEFC-zertifiziertem Papier gedruckt. PEFC garantiert, dass ökologische, soziale und ökonomische Aspekte in der Verarbeitungskette unabhängig überwacht werden und lückenlos nachvollziehbar sind.

Alle CO_2-Emissionen, die bei der Umsetzung dieses Buches entstanden sind, wurden erfasst und durch ein anerkanntes Klimaschutzprojekt ausgeglichen.

PEFC zertifiziert
Dieses Produkt stammt aus nachhaltig bewirtschafteten Wäldern und kontrollierten Quellen
PEFC™
PEFC/12-31-006
www.pefc.de

Druckerzeugnis
www.natureOffice.com/KKS-BSC-221391
klimaneutral
durch CO2e-Ausgleich

* Seite 194:
»Ich erlegte das Wildschwein mit einem Speer und zog ihm das Fell ab. Da ist ein Einkaufszentrum auf der linken Seite.«

** Seite 195
»Du willst den Bus nehmen! Da bist du hier absolut falsch!«